KB154436

딱 선비,
개화기 조선을
기록하다

* 일러두기

황현의 《매천야록》을 자료로 활용하여 만화의 내용을 그렸습니다.

악 선비, 개화기 조선을 기록하다

글·그림 졸귀

작가의 말

안녕하세요. 학 선비 작가 졸귀입니다.

이렇게 역사 이야기를 통해 독자님들과 만나게 되어 영광입니다. 어느 날 '황현'이라는 구한 말 선비가 쓴《매천야록》을 읽게 되었습니다. 읽기 전까지만 해도 몰랐던 역사 이야기와 황당한 이야기가 적혀 있어 읽는 내내 놀라움의 연속이었습니다. 평소 역사에 관심이 많았던 저에게 문득 이런 생각이 떠올랐습니다. '《매천야록》의 흥미로운 이야기를 실제 검증된 역사와 함께 나열한 후 재구성해 본다면, 그 시대의 상황을 선명하게 느낄 수 있지 않을까?' 그래서 저는 이 이야기를 만화로 그려 내기로 결심했습니다.

이 책에서는 1864년에서 1910년 사이의 역사적 사건들과 백성들 사이에서 떠돌았던 기묘하고 신기한 이야기, 그리고 궁중에서 감춰 둔 이야기 등을 재미있게 표현하기 위해 귀여운 학 선비를 만들었습니다. 때로는 고종이 되기도 하고, 백성이 되기도 하는 학 선비를 등장시켜 이야기를 술술 풀어냈습니다. 여러분에게 복잡한 역사가 학 선비를 통해 쉽고 즐거운 이야기가 되었으면 좋겠습니다.

읽다 보면 조선과 대한 제국이라는 한 국가가 무너지는 처참한 모습이 나옵니다. 그 시대를 살아간 조상님들의 웃픈 마음을 조금이나마 함께 이해하는 시간이 되셨으면 좋겠습니다. 끝으로 이 책에는 고종 황제와 명성 황후의 부정적인 이야기가 다수 담겨 있습니다. 이야기는 작가의 주관적인 견해가 아닌《매천야록》에 수록된 내용이니 독자 여러분께 양해 부탁드리겠습니다. 학 선비와 함께 즐거운 역사 여행이 되시길 바랍니다.

졸귀

차례

Episode 1. 1864 ~ 1879년

Episode 2. 1880년 ~ 1893년

Episode 3. 1894년 ~ 1900년

Episode 4. 1901년 ~ 1904년

Episode 1. 1864~1879년

1864년,
11살의 어린 나이로
고종이 왕위에 오르는데!
그가 왕이 되기 전,
관상가와 도사의
예언이 있었다고 한다!

첫 번째 이야기

운현궁 이야기

종로에는 천문을 관측하던 관상감 관천대(서운관)가 있었는데,
관천대 앞 작은 고개를 '서운관의 앞 고개'라는 뜻으로 운현이라 불렀습니다.

경복궁

별이 아주 잘
보이는군!

안국역

인사동

관상감 관천대

철종 초년에 운현에서
성인이 나타난다는 노래가
유행하였고,

한 역술가는 왕의 기운이 있다
말했습니다.

훗날 이곳에
큰 인물이
나타나겠군.

王

박유붕

몇 년이 흘러 그곳에서
고종이 태어나,

응애!

어린 시절을 운현에서 지냈다고 합니다.

정말 내가
왕이 될 수
있을까?

열한 살이 된 고종이 왕위에 오르자,

전하께 예의를
갖추어라!

고종이 살던 집은 관례에 따라 확장 공사를 하고, 지역의 이름을 따
운현궁으로 승격되었습니다.

대문은 궁궐처럼
네 개로 만들라!

흥선
대원군

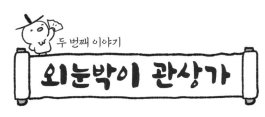

두 번째 이야기

외눈박이 관상가

청도에 사는 박유붕이란 사람은 관상을 잘 보기로 유명했습니다.

관상이 궁금한가?
궁금하면 500냥!

관 상

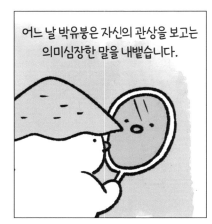

어느 날 박유붕은 자신의 관상을 보고는
의미심장한 말을 내뱉습니다.

나는 외눈박이가 되어야
귀하게 될 상이다!

이제 나는 승승장구할 일만 남았다~.

결국, 그는 스스로 눈 한쪽을 없앴습니다.

그러던 어느 날 운현을 지나다 팽이를 치며 노는 어린 고종을 보게 되었습니다.

저, 저 관상은?!

흥선 대원군에게 자신이 본 고종의 관상을 이야기했습니다.

이분은 장차 왕이 되실 분이니 잘 보필하셔야 합니다.

오호라.

이후 고종이 왕위에 오르자 박유붕은 남양 부사*와 수군절도사**를 거쳐 정삼품 당상관의 품계까지 오르게 됩니다.

에헴, 물렀거라!

*부사 : 군 위에 둔 지방 관아의 으뜸 벼슬.
**수군절도사 : 각 도의 수군을 통솔하는 일을 맡아보던 정삼품 외직 무관 벼슬.

안동 김씨의 세도 정치

안동 김씨 김조순은 자하동에서 살았습니다.
그곳은 북악산과 인왕산 사이로 계곡과 숲이 어우러진 곳이었습니다.

자하동을 빠르게 읽으면 '장동'이라 들려 그렇게 부르기도 했습니다.

김조순은 자신의 딸이 순조와 혼인하면서 권력을 얻게 되었고,

그의 권력이 오랫동안 지속되자 사람들은 안동 김씨가 아닌 장동에 사는 장동 김씨라 불렀습니다.

이후 김조순은 교동으로 이사를 하고, 두 명의 아들과 손자 김병기까지 삼대가 교동에서 살았습니다.

이후 전동에 살던 철종의 장인 김문근과 조카 김병학, 김병국 그리고 김병기가 권세를 잡았다 하여 전교동 시절이라고 불렀습니다.

철종의 죽음으로 어린 나이에 왕이 된 고종을 대신해 흥선 대원군이 집권하게 되면서 안동 김씨의 세도 정치는 막을 내리게 되었습니다.

흥선 대원군과 석파정

1864년, 어린 고종을 대신해 흥선 대원군이 집권하려고 하니
김흥근은 조정 회의에서 이런 말을 하였습니다.

예로부터 국왕의 부모는
정사에 참여하지 않고
집으로 돌아가는 것이
올바른 처신입니다!

김흥근

흥선
대원군

흥선 대원군의 정권이 시작되자
안동 김씨 중 김흥근을 제일 미워했고,

김흥근,
네 이놈!

결국 그의 땅을 빼앗는 사건이 일어났습니다.

내가 너
가만히
안 둘 거야!

내가 가만히
당할 것 같소?

20

김흥근이 별서를 자신에게 팔지 않자
흥선 대원군은 방법을 바꿔
별장을 빌려 달라 청하였습니다.

흥선 대원군은 머리를 굴려 별서에 가는 날, 아들이자 임금인 고종을 데리고 갔습니다.

임금이 다녀간 곳은 신하가 머무를 수 없다는 관례로
김흥근은 별서를 내줄 수밖에 없었는데, 그곳이 지금의 '석파정'이랍니다.

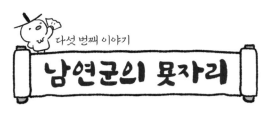

남연군의 묏자리

다섯 번째 이야기

흥선 대원군의 아버지인 남연군은
흥선 대원군이 열여덟 살이 되던 해에 생을 마감했습니다.

흥선 대원군과 형제들은
아버지의 묏자리를 알아보던 중
풍수가에게 대덕사의 탑 자리가
명당이라는 말을 듣게 됩니다.

이 대에 걸쳐
천자가 나올
자리요!

서해

충남 예산군
덕산면 상가리

흥선 대원군은 재산을 팔아
2만 냥이라는 돈을 구해
반절은 주지 스님에게 주며
절을 태우게 하였습니다.

잘 탄다!

그날 밤 절터에 상여를 두고 형제들이 잠을 청했는데, 노한 탑 신이 꿈에 나타나자 형제들은 겁을 먹고 후회하기 시작했습니다.

아우야, 너무 무섭구나….

그만두는 건 어떻니?

형님들! 이곳이 명당이라는 증거예요!

하지만 흥선 대원군은 두려워하지 않고 계속 아버지의 묘를 만들었습니다.

무덤을 팔 수 없게 쇳물을 꼼꼼히 부어라!

쇳물

남연군의 관

주지 스님과 형제들이 장례를 마치고 한양으로 돌아가던 중 갑자기 주지 스님이 불을 끄라는 고함을 지르며 물속으로 뛰어들어 죽습니다.

헉! 이게 무슨 일이야?

불이야, 불!

장례를 치르고 14년 후, 흥선 대원군의 아들 고종이 태어나게 됩니다.

우리 아드님은 성군이 되셔야 합니다~.

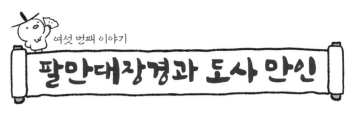

팔만대장경과 도사 만인

고종이 왕이 되기 전, 박유붕 외에도 만인이라는 도사가 운현을 찾아와
비슷한 예언을 하고는 사라집니다.

저분은 왕이 될
관상입니다!

허허, 벌써
두 번째구먼.

만인의 예언대로 고종이 왕위에 오르자
흥선 대원군은 도사를 찾아갔고,

그대의 예언은
사실이 되었도다!

만인의 소원을 들어주기로 합니다.

팔만대장경을
1천 부 찍게 해 주십쇼.

바로
진행시켜!

팔만대장경으로 천 부를 찍은
만인은 바다로 떠났는데,
그 뒤로 행방을 알 수 없다고 합니다.

그가 떠나고 새조차 똥을 함부로 싸지 않는
해인사 경판각에서 영험함이
사라졌다는 소문이 떠돌기 시작했습니다.

들려오는 소문으로 팔만대장경에
신성한 부적이 있었는데 만인이 훔쳐 간 것이
아니냐는 말도 있다고 합니다.

훗날, 자신의 앞날에 환란을 없애고
싶었던 흥선 대원군이 한 도사에게
방법을 묻자 도사 만인을 언급했습니다.

도사 만인이 아닌 만 명의 사람으로 착각한 흥선 대원군은
만 명의 사람을 죽이려고 했다는 이야기가 내려옵니다.

병인양요

1866년 9월, 병인박해의 책임을 묻기 위해 프랑스 로즈 제독이 군함 세 척을 이끌고 조선을 찾아오자 한양은 공포에 빠졌습니다.

하지만 이들은 군함을 이끌고 주변 방어 시설과 수심만 측량한 뒤 청나라로 유유히 돌아갔습니다.

그해 10월, 다시 찾아온 로즈 제독은 함대 일곱 척과 병사 천여 명을 이끌고 강화도를 점령하였습니다.

강화부*까지 점령한 프랑스군은 한 달간 여러 문화재를 약탈했습니다.

흥선 대원군은 프랑스와 맞서 싸웠지만, 문수산성을 방어하는 첫 싸움에서 패하며 물러났습니다.

이후 강화도 탈환 작전을 세운 양헌수 장군은 바다를 건너 정족산성에 몰래 매복했고,

다음 날 자신들을 내습하려는 프랑스군을 역으로 공격해 승리하였습니다.

로즈 제독은 상황이 불리해지자 약탈한 문화재를 함대에 싣고 프랑스로 돌아갔습니다.

앞으로는 척화만이 살길이다!

흥선 대원군

*강화부 : 조선 시대에 강화군에 두었던 지방 관아.

27

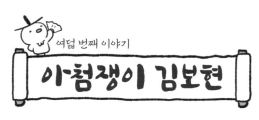

아첨쟁이 김보현

김장생의 후손인 김보현은 어려서부터 교활하고
아첨을 잘한 덕분에 과거 급제를 빠르게 했습니다.

휘이~

신임 관리가 된 김보현은
나귀를 타고 매일 청탁하러 다니다
삼 일만에 나귀가 죽게 됩니다.

철종 때는 안동 김씨들과
가까이 지낸 덕분에
참판까지 올랐습니다.

하하, 사람은
줄을 잘 서야 해!

흥선 대원군은 그런 김보현을 싫어했지만, 삼년상을 치르던 김보현은
당시 실권인 흥선 대원군이 조문을 오길 바랐습니다.

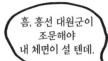

흠, 흥선 대원군이
조문해야
내 체면이 설 텐데.

꾀를 쓴 김보현은 아버지의 아명이
'강아지'라는 거짓을 퍼트려
다른 사람을 욕보이길 좋아했던
흥선 대원군의 귀에 들어가게 합니다.

그, 그게
사실이오?

소문을 듣고 조문을 간 흥선 대원군은
그곳에서 강아지를 부르듯
곡성을 내곤 돌아갔습니다.

오요!
오요!

김보현은 부끄러운 일을 당했지만 오히려
흥선 대원군이 다녀갔다는 방명록을 자랑했습니다.

삼년상에
흥선 대원군이
다녀갔소~.

계속 인맥을 넓힌 김보현은
승승장구해 궁궐을 드나들었습니다.

에헴,
물렀거라!

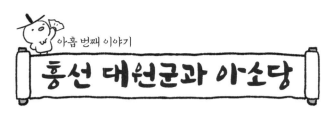

흥선 대원군과 아소당

공덕리 강가는 동작나루의 하류로 산등성이와 산기슭이
아름다워 민가가 즐비했습니다.

자연이
살아있는 게
아름답군.

공덕역

한강

그 위치가 마음에 들었던 흥선 대원군은
민가들을 헐어 자신의 수장을 겸하여 조성한 별서 아소당을 지었고,

그래, 이거야!
하하하!

너무해!

아소당

아소당을 중심으로 금표를 세워
아무도 얼씬거리지 못하게 하였습니다.

넘어오면
500냥.

아소당

120보
접근 금지

훗날 권력을 잃은 흥선 대원군이 손자 이준용과 이곳에서 함께 살았는데,
거의 유배나 다름없는 생활을 했다고 합니다.

우리 손주 준용이
네가 있어
든든하구나.

흥선 대원군은 아소당에서 생을 마감했는데,
죽기 전 마지막으로 고종을 보고 싶어 했지만
끝내 고종의 얼굴을 보지 못했다고 합니다.

아소당

열 번째 이야기

신미양요

1871년, 미국이 제너럴셔먼호 사건을 빌미로 조선에 개항을 요구하자
흥선 대원군은 거절했고, 협상이 결렬되니 로저스 제독이 군함을 이끌고
강화도를 공격하기 시작했습니다.

광성보에 있던 어재연 장군은 군사를 데리고 육상과 해상에서
미군과 치열한 마지막 전투를 벌입니다.

광성보에서 전략을 펼치며 치열한 전투를 치렀지만,
미군의 막강한 화력으로 조선군은 전멸했습니다.

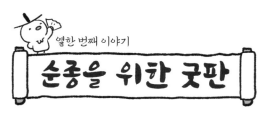

순종을 위한 굿판

1874년, 순종이 태어나자 명성 황후는 팔도강산을 돌아다니며
순종을 위한 제사를 지냈습니다.

> 아이고,
> 이쁜 우리 세자~.

> 응애예요.

이 와중에
고종은 연회를 자주 열었고,

> 풍악을
> 울려라!

하루에 허비하는 돈이 어마어마하자
내수사*에 모아둔 금액으로 감당할 수
없었습니다.

> 헐,
> 또 적자네.

34

*내수사 : 왕실 재정의 관리를 맡아보던 관아.

그래서 호조[*]나 선혜청[**]의 공금을 빼내어 사용했는데,
이 문제를 지적하는 신하가 한 명도 없었습니다.

결국, 한 해가 다 지나기 전에
흥선 대원군이 모아 둔 국고를 모두 탕진했습니다.

더 이상 쓸 수 있는 돈이 없자 고종은 관직을 팔거나,
돈을 받고 과거 시험에 합격시키는 등 여러 문제를 일으켰습니다.

[*]호조 : 호구, 공부, 전량, 식화에 관한 일을 맡아보던 관아.
[**]선혜청 : 대동미와 대동목, 대동포 따위의 출납을 맡아보던 관아.

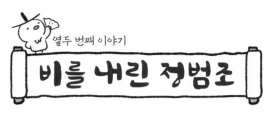

열두 번째 이야기
비를 내린 정범조

나라에 가뭄이 들면 수령*이나 관찰사** 같은 관리들이 마을을 돌아다니며
기우제를 지냈습니다.

\제발!/ \비!/

\비!/

관리들이 마을을 방문하면 극진한 대접을 받는 게 관례였는데,
백성들은 이 관례에 대해 불만을 가졌습니다.

소를 잡아
술상을 내오거라!

에헴, 기생도
잊지 말고.

*수령 : 각 고을을 맡아 다스리던 지방관들을 통틀어 이르는 말.
**관찰사 : 지방의 경찰권·사법권·징세권 따위의 행정상 절대적인 권한을 가진 종이품 벼슬.

하지만 전라도 감사 정범조는 작은 나귀를 타고 다니며
백성들을 번거롭게 하지 않았습니다.

한번은 그가 무등산에 올라 찌는 듯한 더위와 뜨거운 햇볕 아래에서
머리가 땅에 닿도록 절을 올리며 기우제를 지냈는데,

맑았던 하늘에 점점 구름과 안개가 끼기 시작하더니
하늘에서 빗방울이 떨어졌다고 합니다.

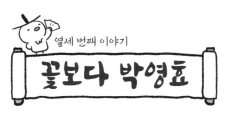

꽃보다 박영효

박영효는 진사 박원양의 증손주로
얼굴이 아름다워 '미남'이라고 불렸습니다.

어머!

그는 철종의 딸 영혜 옹주와 혼인을 하였는데, 철종이 딸을 몹시 아끼어
시집을 갈 때 많은 혼수를 보냈습니다.

가난한 탓에 수원 장터에서 짚신을 팔던 아버지 박원양은
하루아침에 가문의 위세가 높아졌습니다.

하지만 혼인한 지 3개월 만에 영혜 옹주가 생을 마감해 사별하게 되었습니다.

훗날 박영효는 김옥균, 홍영식, 윤치호, 서재필, 서광범과
갑신정변을 일으켰습니다.

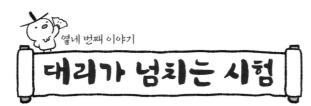

열네 번째 이야기

대리가 넘치는 시험

부유했던 조선 후기 사대부들은 한가롭게 놀기를 좋아해
평소 공부하는 것을 게을리했습니다.

하지만 체면을 차리기 위해서는
과거 시험을 쳐야 했고,

고심 끝에 생각한 방법이
가난한 선비를 섭외하여
대신 시험을 보게 하는 것이었습니다.

시험장에 보내는 사람은 총 두 명으로
글을 짓는 사람은 거벽, 글씨를 적는 사람은 사수라고 불렀습니다.

거벽과 사수를 고용한 한양 사대부들이 우후죽순 과거에 급제하니
지방 사대부들도 거벽과 사수를 보내기 시작했습니다.

그래서 이 시기에 과거 급제하는 이들은 대부분 부자였다고 합니다.

열다섯 번째 이야기

광란의 연회

고종은 집권을 시작하며 유흥에 빠져 처소로 가는 일이 드물었습니다.

매일 밤 연회를 열어
낯 뜨거운 연극을 즐겼습니다.

노래와 연주를 맡은 광대와 무당,
악공들은 고종과 쌓은 친분을 믿고
무례한 행동을 종종 보였습니다.

어서 오거라!

밤마다 등을 밝혀 연회를 즐기니 궁궐은 낮과 같이 밝았고,

해가 뜨기 시작하면 주위에 휘장을 쳐 잠드는 게 일과였습니다.

편히 주무시도록 휘장을 쳐라!

이를 보고 자란 순종은 아침이 되면 고종과 명성 황후의 옷을 잡아끌며 침소로 가자고 했습니다.

어마마마, 아바마마. 아침이 밝았으니 얼른 주무시옵소서.

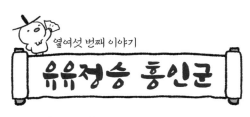

유유정승 흥인군

흥인군은 흥선 대원군과 형제 사이지만 둘의 사이는 좋지 못했다고 합니다.

> 내가 말야. 대원군의 셋째 형님이야.

흥인군

명성 황후 세력들은 이를 이용해 그를 영의정으로 추대하여 흥선 대원군을 견제했습니다.

형님 흥!

흥선 대원군

영의정이 된 흥인군의 성품은 아쉽게도 총명하지 못해 이로 인한 여러 일화가 있습니다.

음하하

영의정이 된 흥인군은 과거 시험을 주관했는데, 그가 주관한 과거 시험은
백지를 제출해도 운이 좋으면 급제하였습니다.

또 다른 일화는 일본이 군함 운요호를 이끌고 와 조선에게 개항을 겁박하자,
의정부에 모여 논의하던 중 그의 태도는 이랬습니다.

이렇듯 흥인군의 줏대 없는
면모에 사람들은
그를 유유정승이라 불렀습니다.

시원찮은 이순신의 팔 대손

이순신의 팔 대손 이문영은 외모와 기개가 시원찮다는 소문이 있었습니다.

크흠, 누가 내 이야기를 하나?

1876년 봄, 구로다 기요타카가 함대를 끌고 와 강화도에서 조약을 겁박하자,

하하, 조약을 맺지 않으면 멈추지 않겠스무니다!

백성들은 공포에 떨었습니다.

때마침 흥선 대원군을 뵙게 된 이문영은 그에게 이런 질문을 받게 됩니다.

충무공의 후손인 자네라면 이 왜놈들을 어떻게 격파할 건가?

대감님께선 급히 서두르지 마십시오. 막는 방법은 아주 쉽습니다.

오, 그것이 무엇인가?

충무공 8 대손이 못났는데 가토 기요마사*의 8 대손인 구로다 기요타카가 어찌 영특하고 용감하겠습니까?

이 대답에 사람들은 웃었다고 합니다.

하 하 하

허 허 허

*가토 기요마사 : 일본의 무장으로 임진왜란과 정유재란 때 선봉으로 종군 활동을 했다.

47

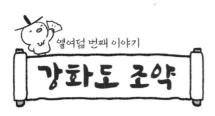

강화도 조약

운요호 사건 이후 1876년 2월, 또다시 일본이 군함을 이끌고 와
강화도에서 온갖 협박을 했습니다.

미국에게
배운 대로
하겠스무니다!

여섯 척의 군함과 팔백 명의 군사를
이끌고 함포를 쏘며 개항을 요구하자,

요시!

급히 판중추부사* 직함을 얻게 된 신헌이
강화도에서 일본과 회담을 했습니다.

*판중추부사 : 중추부의 으뜸 벼슬.

48

회담 후 조정에서는 위정척사 세력과 개화파 세력으로 나뉘어 대립했고,
개화파의 승리로 조선은 개항을 결정했습니다.

고맙스무니다~.

당시 강화도를 다스리던 조병식은
고종에게 이렇게 말했습니다.

하지만 사람들은
그의 말을 비웃었습니다.

신은 수많은 정예병을
거느렸는데, 이웃 나라의 압박에
화살 하나 쓰지 않고
요구를 들어주기 급급했다니.
참으로 수치스럽게
생각하옵니다.

네가
잘했으면
강화도가
뚫렸겠니?

크흠, 조용히
쉬고 싶구나….

박규수

훗날 강화도 조약을 맺게 한 죄로
개화파였던 박규수를
부관참시해야 된다는
규탄도 있었습니다.

신래 신고식

이제 막 과거에 합격한 사람을 신래라고 불렀는데,
선배 관리들은 신래가 오면 혹독한 신고식을 치르게 했었습니다.

비록 혹독한 신고식이지만 집 앞에서 자신을 부르는 선배가 없다면
신래들은 수치스럽게 생각했습니다.

신고식을 하는 선배 관리도 나름의 규칙이 있는데,
문과는 문과 신래, 무과는 무과 신래만 부를 수 있었습니다.

소과 출신들은 신고식을 할 수 없었지만, 세 명의 소과 선배가 모이면
한 명의 신래를 부를 수 있었다고 합니다.

유희를 좋아하던 고종은 직접 신래를 불렀고, 왕이 부른 신래는
선배 관리가 부를 수 없다는 관례로 신고식 문화는 점차 사라졌습니다.

Episode 2. 1880년~1893년

1882년,
월급을 일 년 동안 받지 못한
구식 군대가 반란을 일으키는데!
그로 인해 명성 황후는
피난길을 떠났고 한 무당과 인연이
닿았다고 한다~.

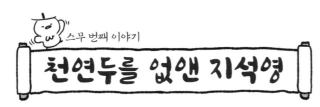

천연두를 없앤 지석영

조선 시대에 천연두는 마마 또는 두창으로 불리며
오한과 발열을 일으키는 심각한 전염병이었습니다.

점차 기술이 발전해 천연두의
예방 접종 방법인 인두법을 알게 되었고,

천연두에 걸린 사람의
딱지를 물에
녹여서 접종하지요.

접종 후에는 천연두 증상이
나타났지만, 일시적인 감염으로
금방 나을 수 있었습니다.

야호,
다 나았다!

반면에 서양은 소의 우두를 이용해 천연두 예방 접종을 했으나
조선에서는 이를 전혀 알지 못했습니다.

우두를 활용하는 게
더 안전해요우.

역관의 집안에서 태어난
지석영이란 자가 있었습니다.

그는 일본에서 우두법을 배워 와
1880년, 서울에 약국을 세운 후
우두법을 알렸습니다.

우두법이 전국으로 퍼지자 인두법을 시행했을 때보다
천연두로 죽는 사람이 확연히 줄었다고 합니다.

천연두가 사라지니
걱정도
싹 사라지는구나~.

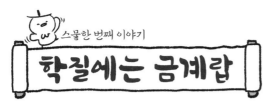

학질에는 금계랍

하루걸러 고열 증상을 일으키는 학질은 요즘 말로 말라리아인데,
조선 사람들은 그 병을 몹시 두려워했습니다.

나이가 들어 쇠약한 어른이 이 병에 걸리면 열 명 중 다섯 명은 죽고,
젊은 사람이 걸리면 몇 년은 폐인처럼 살았다고 합니다.

하지만 개항 이후 학질을 낫게 한다는 금계랍이 조선에 들어오니
사람들은 학질의 고통에서 벗어났습니다.

학질로부터 자유로워지자 이런 노래가 유행하기도 했습니다.

*돈쭝 : 약 4g

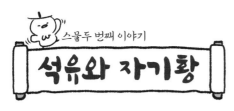 스물두 번째 이야기

석유와 자기황

개항 후 조선에 석유가 들어오자 이를 본 사람들은 돌을 삶아 짜낸 기름이라
추측하기도 하고, 어떤 사람은 바다에서 추출한 것이라 말하기도 했습니다.

1880년에 들어온 석유는 붉은색을 띠었고
심지에 불을 붙이면 고약한 냄새를 풍기곤 했습니다.

그, 그래도
1홉*이니
10일은 밝히겠구나.
콜록!

콜록콜록!
아부지, 냄새가
고약해요!

*1홉 : 약 180mL

몇 년이 지나자 석유의 색은 하얘지고 냄새도 나아졌으나
화력은 약해져 한 홉에 3, 4일밖에 밝히지 못했습니다.

그 당시 자기황이라고 불린 성냥도 유행했는데,
불붙이는 모습이 부싯돌같아 양수화통이라 부르기도 했습니다.

스물세 번째 이야기
임오군란

신식 군대 별기군과 달리 구식 군대 무위영을 심하게 차별하자
1882년 6월, 구식 군대 군사들이 임오군란을 일으켰습니다.

고종의 집권 이후
궁궐에서 쓴 돈은 끝이 없었고,

돈을 쓰는 게
제일 쉬워요!

호조나 선혜청에 비축해 둔
곡식이나 돈도 바닥이 나자 구식 군사들은
한 해 동안 급여를 받지 못했습니다.

아부지,
등이랑 배가
만나겠어요.

세곡선이 올라오자, 선혜청은 급여를 주었는데
지급된 쌀에 모래가 잔뜩 섞인 것을 본 군사들은 화가 폭발했습니다.

우리도
참을 만큼
참았어!

그들은 선혜청의 당상*이었던 민겸호의 집으로 찾아가
저택을 부수며 폭동을 일으켰으며,

이건
열정 페이다!

민겸호의 집에서 물러난 군인들은
흥선 대원군에게 하소연을 했습니다.

도와주십시오!

며칠 뒤 군인들이 궁궐을 습격해
민겸호와 관리들을 죽인 덕에
흥선 대원군이 다시 집권하게 됐습니다.

내가 다시
돌아왔노라!

*당상 : 정삼품 상(上) 이상의 품계에 해당하는 벼슬을 통틀어 이르는 말.

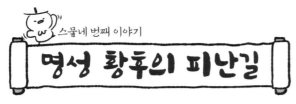

명성 황후의 피난길

임오군란으로 피난하던 명성 황후가 강을 건너려고 할 때
이들의 행색이 의심스러웠던 사공들은 꺼려하며 강을 건널 수 없다고 말했습니다.

그 말에 명성 황후가 자기 반지를 가마 밖으로 던져 주니 강을 건널 수 있었습니다.

경기도 광주에서 휴식을 취하고 있던 명성 황후를 본 노파는
피난하는 부녀로 착각해 혀를 차며 이렇게 말했습니다.

쯧쯧.

중전이 음란한 탓에
이 난리가 일어나
낭자를 여기까지
피난 오게 하였군요.

훗날 환궁한 명성 황후는 노파가 살던 마을을 없애 버렸다고 합니다.

아이고,
입이 방정이지.

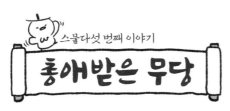

총애받은 무당

명성 황후가 임오군란을 피해 충주에서 지내고 있을 때
한 무당이 명성 황후의 거처에 찾아왔습니다.

명성 황후는 무당에게 자신이 궁궐로 돌아가는 날짜를 물었고,
신기하게도 무당이 대답한 시기에 명성 황후는 궁궐로 돌아갈 수 있었습니다.

50일 뒤에
궁으로
돌아가실 수
있습니다.

그 무당을 데리고 환궁한 명성 황후에게 벌어진 신기한 일화가 있는데
아픈 곳에 무당의 손길이 닿으면 통증이 한순간에 사라졌다고 합니다.

명성 황후의 신뢰를 얻은 무당은 자신이 관우의 딸이라며 사당을 요구했고,
명성 황후는 북관묘를 지어 주며, 진령군이라는 작위도 내렸습니다.

무당은 시도 때도 없이 고종과 명성 황후를 만나며 총애를 받자
사람들은 무당에게 잘 보이려 노력했습니다.

1884년 12월, 우정국의 개국 축하 연회 때 급진 개화파와 일본군이 정변을 일으켜
고종은 경우궁으로 피신했습니다.

청나라군이 없을 때
반란을 일으키자!

개혁을 반대했던 수구파 관리들은 경우궁을 찾아갔다 죽음을 맞이했고,	홍영식, 김옥균, 서광범, 박영효는 4영과 포도청을 장악한 후 14개조 정강을 발표하였습니다.

하지만 3일 뒤 청나라군이 몰려와 개화파 편이었던 일본군과 전투를 벌였고,
끝내 일본군은 철수했습니다.

전투 당시 홍영식과 박영교는 청나라군과 싸우다 죽었고,
김옥균, 서재필, 박영효는 일본으로 피신했습니다.

급진 개화파의 정변에 분노한 백성들은 떼로 몰려가 일본 공사관에 돌을 던지고,
불까지 질렀다고 합니다.

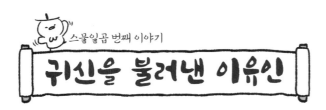

귀신을 불러낸 이유인

이유인은 김해 사람으로 미천한 무뢰배라고 불렸는데,
그는 무과 시험을 보기 위해 서울 장안을 떠돌아다녔습니다.

명성 황후와 고종에게 환심을 산 진령군이 이상한 재주를 좋아한다는 걸
알게 된 이유인은 자기가 귀신과 폭우를 불러낸다는 소문을 냈습니다.

소문을 듣고 이유인을 찾아간 진령군은 이유인에게 귀신을 불러 보라고 했습니다.

이유인은 시간이 필요하다는 핑계를 대며 약속 날짜를 잡았고, 그는 부랑배를 모아 계략을 짭니다.

북한산으로 가시죠!

약속한 날 둘은 함께 산에 올랐고, 이유인은 겁먹지 말라는 말과 함께 귀신을 불러내니 귀신으로 변장한 부랑배가 나타나 귀신 흉내를 냈습니다.

에구머니나!

귀신을 본 진령군은 고종과 명성 황후에게 이 사실을 전했고,

귀신을 막 불러냅니다!

신통하구나.

그 해 이유인은 양주 목사*로 부임하게 되었습니다.

인생 역전 참 쉽죠?

*목사 : 관찰사의 밑에서 지방의 목(牧)을 다스리던 정삼품 외직 문관.

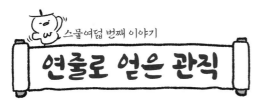

연줄로 얻은 관직

명성 황후가 충주로 피난을 떠날 때 성택과 억길이라는 가마꾼이 함께했습니다.

무사히 피난을 마치고 궁궐로 돌아온 명성 황후는
가마꾼들의 공로를 인정해 두 사람에게 관직을 내주었습니다.

남원에 사는 최석두는 약주머니를 차고 의원 행세하며 떠돌다
서울에 머물게 되었습니다.

이 시대의
화타 등장!

당시 명성 황후는 대하증을 앓고 있었는데,
누군가 최석두를 추천하여
그가 처방한 약을 먹게 되었고,

어라?
몸이 낫는구나!

약 덕분에 회복한 명성 황후는
최석두에게 고산 군수를 내렸고,
얼마 뒤 남원 부사가 되었습니다.

야호!

이처럼 연줄을 타고 명성 황후에게 잘 보여 벼슬자리를 받아
부귀영화를 누리게 된 이들이 생각보다 많았다고 합니다.

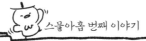 스물아홉 번째 이야기

궁에서 벌어진 굿판

고종이 내전을 거닐던 때였습니다.

중전, 별빛이
아름답지 않소?

누군가 창문 밖으로 나가는 걸 고종이 목격하게 됩니다.

게,
누구냐!

아무도 없는데
무엇이 있다고
그러시는 겁니까?

고종은 이것을 괴이하게 여기며 곁에 있던 사람들에게 물어봤지만
누구도 자신과 똑같은 걸 목격한 사람이 없었습니다.

그러자 명성 황후가 나서서 고종에게 이렇게 말했습니다.

그리고는 진령군을 불러 굿판을 벌였습니다.

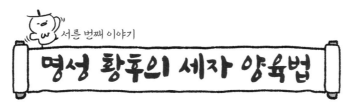

명성 황후의 세자 양육법

고종은 자기의 아들, 순종을 몹시 사랑했습니다.

우리 세자, 귀엽구나~.

응애~!

끼니마다 반찬을 직접 입에 먹여 주었고,

꼭꼭 씹어야 합니다.

아~.

순종에게 말을 할 때도 예를 갖추며 극히 공손한 태도를 보였습니다.

반대로 명성 황후는 순종이 자기 눈에 거슬리는 행동을 하면 머리를 쥐어박았고,

고종을 무서워하지 않았던 순종에게 명성 황후만큼은
무서운 존재였습니다.

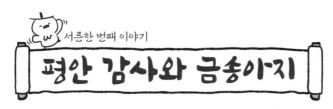

평안 감사와 금송아지

서른한 번째 이야기

남정철은 과거에 급제한 지 2년도 되지 않아 평안 감사가 되었습니다.

아무런 혈연 없이 빠르게
출세한 사람은 근래에 드물었습니다.

승진 1등은
나야!

남정철이 평안 감사가 된 이후
고종에게 진상을 날마다 드렸는데,

전하~.

그 모습에 고종은 남정철이 자기에게
충성을 다한다고 생각했습니다.

오호,
오늘도 진귀한 것을
보내왔군.

고종은 남정철을 청나라 사신으로 파견해 그에 대한 신임을 보였습니다.

승승장구의 비결은
줄을 잘 서는 것이다!

하지만 평안 감사 빈자리를 대신한
민영준이 금으로 만든 송아지를
고종에게 진상을 하자,

반짝!

배신감을 느낀 고종은 남정철에 대한
총애를 거두었습니다.

남정철은 참으로
도둑놈이로구나!
금붙이가 많으면서
자기 혼자 차지하다니!

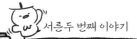

관직을 위한 경매전

좌의정 김병시가 고종에게 상소를 올렸는데,
내용은 이렇습니다.

수령의 자리는 하루도 비울 수 없는 자리인데 없는 자가 없어 백성들이 임자가 있습니다. 후임자가 없어 보내주소서. 빠르게 뽑아

하지만 고종은 돈이 있는 사람만
관직에 임명하여

누군가 만 냥에 관직을 사도
다른 이가 천 냥을 더 얹어 주면
줬던 관직도 빼앗아 넘겼습니다.

낙찰!

이로 인해 근무지에 가도
다른 이에게 관직이 돌아갔다는
소식을 듣는 것이 빈번했습니다.

어라?

비키시오.

많으면 한 해에 네 번이나
관리가 바뀌곤 하니
백성들도 당황스러웠습니다.

뉘시오?

관직을 얻은 자는 구매 비용을 채우기 위해 백성들에게 돈을 계속 거둬들였고,
부자나 가난한 자를 따지지 않고 모든 백성이 괴로운 삶을 살았습니다.

세금을
낼 때까지
매우 쳐라!

거기다 돈을 조금 더 주면
더 높은 벼슬도 얻을 수 있자
속칭 벼락감투가 난무하였습니다.

공명첩

공명첩이
2만 냥!
싸다 싸~.

매관매직으로 지방 곳곳에서
백성들이 수탈당하자
민란이 끊이지 않았습니다.

못 참아!

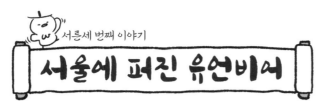

서울에 퍼진 유언비어

1888년, 서울에서 '서양인이 아이를 삶아 먹는다'라는 유언비어가 퍼졌습니다.

이런 흉흉한 소문 때문에 어른들은 아이를 집 밖으로 내보내지 않았습니다.

하루는 한 아버지가 길거리에서 아들을 업고 가는데,
누군가 이렇게 외쳤습니다.

저자가 아이를 납치해 팔려고 한다!

?

그 말을 들은 사람들이 다 함께 아이의 아버지에게 달려들었고 주먹과 발길질이
난무하자 해명도 못 하고 죽었습니다.

아부지!

그러자 서양 사람들이
이 소문을 문제 삼았습니다.

해결해요우.

조선 정부가 서양인의 유언비어가
사실이 아니라는 방문을 써 붙이자 소문은
차츰 사라졌습니다.

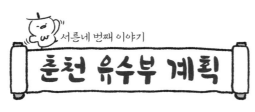

춘천 유수부 계획

고종은 언제 일어날지 모를 사변이 두려워 가마꾼 스무 명을 고용해
궁궐 안 북문에 대기시켰고, 잠시도 자리를 못 벗어나게 했습니다.

사변은 주로 밤에 일어나 궁궐에는
전등이 항시 켜져 있었고 이로 인해 많은 돈이 들었습니다.

82

걱정이 많았던 고종은 춘천에 피난지를 만들기 위해 춘천 관료 신정희를 불러
행궁을 만들라고 했습니다.

춘천에 유수부*를
만들고자 하니
그대가 맡아 주시오.

하지만 신정희는 임금이 한양을 떠나려 한다면 나라를 위해 아무도 희생하지 않는다는
이유로 거부하였습니다.

아니
되옵니다!

고종은 다른 신하들도 불러서 명을 내렸지만, 같은 이유로 거부했다고 합니다.

아니되옵니다!

*유수부 : 지방 행정 구역 가운데 유수가 장관으로 있던 고을.

이노우에와 사대부

서른다섯 번째 이야기

이노우에 가쿠로고는 용모가 볼품없었으나 문학에 재주가 뛰어났고,
우리말도 능숙해 조선 사람들과 왕래를 많이 했습니다.

> 안녕하시무니까?

눈이 내린 어느 밤 외무아문*에서
연회가 열려 여러 사람이 술을 마시며
시를 읊었습니다.

이 자리에 있던 이노우에가
술에 취해 말하길.

> 자네들은 사대부라 칭하고
> 우리 일본인을 '왜놈'이라
> 말하는데, 지금부터 이 왜놈을
> 한번 보시지요!

*외무아문 : 외국과의 교섭 및 통상에 관한 일을 맡아보던 관아.

말을 끝낸 이노우에는 담뱃대를 들어 검술을 펼쳤습니다.

그리고 이노우에가 이렇게 말했습니다.

그대들은 말로만
사대부라 큰소리치는데,
이런 검술을 하는 왜놈을
이길 수 있겠습니까?

검술도 모르는 사대부들이
우리를 왜놈이라 깔봐도
우리는 그 말을
인정할 수 없을 것이오!

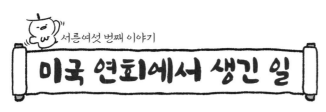

미국 연회에서 생긴 일

외교를 맡았던 박정양은 미국 전권 공사로 임명되어
미국으로 건너가 미국과의 외교 업무를 담당하였습니다.

연회를 열어 각 나라의 공사를 초청한 미국은
박정양과 청나라 공사를 대등하게 대우했습니다.

대등한 대우에 화가 난 청나라 사신은
조선이 멋대로 미국과 외교를 한다며
본국에 불만을 표했습니다.

소식을 전달 받은 청나라는
난리를 치며
고종에게 따졌습니다.

청나라의 압박에 고종은
그 죄를 박정양에게 모두 돌리고
조선으로 귀환시켰다고 합니다.

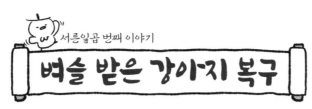

벼슬 받은 강아지 복구

충청도 어느 바닷가 앞에 나이 많은 과부 강 씨가 살았는데,
그녀의 집은 부유했지만 자식이 하나도 없었습니다.

외로운 과부 강 씨는 개 한 마리를 키웠는데 이름이 '복구'였습니다.

어느 날 강 씨의 집을 지나치던 관리가 복구의 이름을 듣고
'강복구'라는 이름에 벼슬을 내려 벼슬값을 요구했습니다.

관리의 행동에 어이가 없던 강 씨는 복구를 불러 직접 보여 주었습니다.

이런 일은 충청도뿐 아니라 전국에 비슷한 일이 많았다고 추측됩니다.

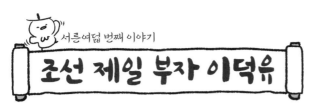

조선 제일 부자 이덕유

한양에 중인 이덕유가 살았는데
그는 당시 조선에서 제일가는 부자 중 한 사람이었습니다.

젊은 시절 역관이었던 그가 북경에서
한 죄수를 마주한 적이 있었습니다.

죄수의 사정을 알게 된 이덕유는
자기 돈을 건네며
죄수의 목숨을 구해 줬습니다.

이덕유에게 빚을 갚기 위해 죄인은 열심히 농장을 운영해 부자가 되었고, 훗날 우연히
재회한 이덕유에게 은혜를 갚겠다며 자기의 농장을 이덕유에게 모두 넘겼습니다.

그 덕에 이덕유는 청나라 돈이 수북한 부자가 되었지만,
그는 늘 검소함을 유지했습니다.

고종은 돈이 필요할 때면 이덕유를 불렀으며, 그가 오면 편전 문 앞까지
맞이했다고 합니다.

Episode 3. 1894년~1900년

1895년,
청일 전쟁에서 승리한 일본은
명성 황후 시해 계획을 세우는데!
명성 황후의 초상화를
그려 보관했고, 일본인 양녀도
보냈다고 한다~.

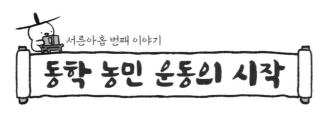

동학 농민 운동의 시작

전라도 고부 군수인 조병갑의 수탈에 지친 전봉준이
농민을 이끌고 관아를 습격하니 조병갑은 도망쳤습니다.

조병갑 다음으로 고부 군수가 된 박원명은 화가 난 농민들에게 대접했고,
그 덕에 농민들은 화가 누그러져 다시 농사를 지었습니다.

하지만 이후에 고부 안핵사*로 온 이용태는 반역했다는 이유로 농민을 구타하고,
부자들은 관아 습격과 관련 있다며 돈을 뜯어냈습니다.

*안핵사 : 지방에서 발생하는 민란을 수습하기 위하여 파견하던 임시 벼슬.

화가 난 농민들은 다시 모여 반란을 일으켰고
왕가의 핏줄이라 불리는 전주성을 점령합니다.

조선은 반란을 막기 위해 청나라에 도움을 요청했고,
청나라군이 아산만에 도착했다는 소식에 농민군은 조정과 전주 화약을 체결합니다.

하지만 톈진 조약으로 조선에 상륙한 일본군이 철수하지 않자 2차 봉기가 일어났고,
우금치에서 벌인 전투는 결국 일본에 패하며 전봉준은 처형됩니다.

나라를 위하는
오직 한마음
그 누가 알겠소.

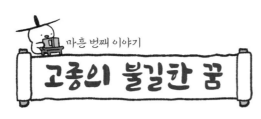

고종의 불길한 꿈

1894년, 낮잠을 자던 고종은 광화문이 무너지는 꿈을 꾸다
깜짝 놀라 잠에서 깨어났습니다.

고종은 이 꿈을 불길하게 여겨 2월에 창덕궁으로 몸을 옮겼습니다.

이 시기에 동학 농민 운동이 일어나 위기를 겪고 있었지만,
고종은 매일 밤 전등을 켜고, 광대를 불러 노래를 부르게 했습니다.

이 곡은 일명 아리랑 타령이라는 것인데, 광대들의 노래를 평가해
금을 내어 상으로 주었다고 합니다.

이 놀이는 일본이 경복궁을 점령할 때까지 계속되었습니다.

마흔한 번째 이야기

청일 전쟁

1894년 7월 23일, 무장한 일본군이 몰려와 경복궁을 점령하고
흥선 대원군을 앞세워 친일 정권도 수립했습니다.

점령 이틀 후 일본군은 아산만에 있는 풍도 앞바다에서 청나라 함대를
기습 공격해 격침했고, 29일에는 아산에 있는 군대를 공격해 승리하게 됩니다.

8월 1일, 일본이 청나라에 선전 포고하니 청나라도 이에 맞서게 됩니다.
평양에 집결한 청나라군은 일본군에게 격파당했고,
뒤이어 해군마저도 일본군에게 패하자 청나라군은 후퇴하게 됩니다.

일본군은 여기서 멈추지 않고 압록강을 건너 남만주, 뤼순항을 점령하고,
산둥반도의 웨이하이도 공격해 청나라 북양 함대의 항복을 받아 냅니다.

1895년, 청일 전쟁에 대한 시모노세키 조약을 맺게 된 청나라는 전쟁 배상금과
대만, 요동반도를 일본에 넘겨주게 됩니다.

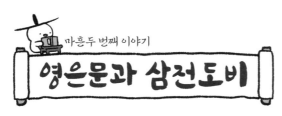

마흔두 번째 이야기

영은문과 삼전도비

1895년, 청나라가 일본에 졌다는 소식에
고종은 영은문은 허물고 삼전도비는 땅에 묻었습니다.

영은문은 중국 사신을 맞이하는 문으로 사신이 올 때는
임금이 친히 나가 사신을 맞이하는 사대주의의 상징과도 같았습니다.

삼전도비는 병자호란 때 청나라에 패한 후 청나라 태종의 요구에 따라
그의 공덕을 적은 비석으로 현재는 잠실 근처에 있습니다.

다른 말로는 '치욕비'라고도 불리며 정승 이경석이 비문을 작성하였습니다.

청일 전쟁에서 청나라가 일본에 패하면서 조선과 관계도 끝이 나자
고종은 영은문과 삼전도비를 없앤 것입니다.

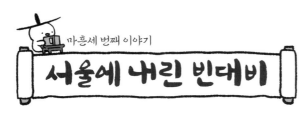

서울에 내린 빈대비

마흔세 번째 이야기

1895년 9월, 한양 하늘에서 빈대가 떨어졌습니다.

한양에서 빈대는 보기 드문 벌레였고, 혹여나 빈대가 있어도 바로 잡았기에 그리 많지도 않았습니다.

그런데 갑자기 하룻밤 사이에 빈대가 많아져,

빈대다!

에구머니나!

간지러워!

집집마다 더이상 감당하기 힘든 수준까지 이르렀습니다.

으아악!

궁궐에는 빈대가 더 많았는지 고종이 잠을 자기 힘들었다고 합니다.

내 등을 긁어 줄 자가 게 없느냐?

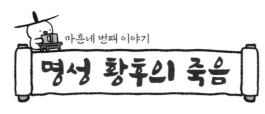

마흔네 번째 이야기
명성 황후의 죽음

일본은 고무라 주타로의 딸을 명성 황후의 양녀로 보내
명성 황후의 신원을 확인하게 했습니다.

처음 뵙겠스무니다.

일본 공사 미우라 고로는 명성 황후의 하인 중 일본인을 섞고,
그들에게 초상화를 몰래 그리게 해 명성 황후의 얼굴을 보관했습니다.

1895년 10월, 무장한 일본군은 아소당을 찾아가 흥선 대원군을
가마에 강제로 태운 뒤 경복궁으로 향했습니다.

일본군은 명성 황후의 초상화를 보며 외모가 비슷한 궁녀들을 죽였고,
고무라의 딸은 일본군을 명성 황후에게 안내했습니다.

저기
있스무니다!

훈련대장 홍계훈과 궁내부 대신 이경직은 일본군에게 저항하다 죽임을 당했고,
명성 황후를 시해한 일본군은 시신을 불태우고 땅에 묻었습니다.

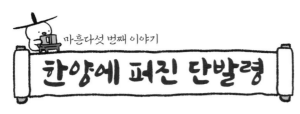

한양에 퍼진 단발령

1895년 11월, 머리카락을 자르라는 일본의 명령에
고종은 명성 황후의 장례를 치른 후 자르겠다 말했지만,
일본군은 궁궐 주변에 대포를 설치하고 당장 자르라며 위협을 가했습니다.

고종은 이내 긴 한숨을 쉬고는 정병하에게 이렇게 말했습니다.

경이 짐의 머리카락을
자르는 게 좋겠소.

정병하는 가위를 들어 고종의 머리카락을 잘랐고,
순종의 머리카락은 유길준이 잘라 냈습니다.

경무사 허진은 칼을 든 일본 순검들을 인솔해
길을 막아 만나는 사람마다 머리카락을 잘랐습니다.

한양에 왔다가 상투가 잘려 통곡하는 사람, 상투만 잘려 장발이 된 사람 등
난리가 났지만 여성과 아이들의 머리카락은 자르지 않았다 합니다.

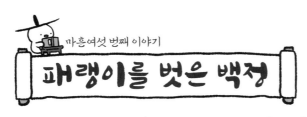

패랭이를 벗은 백정

1895년, 백정들에게 면천이 허락되면서 평민의 삶을 시작할 수 있게 되었습니다.

면천 이전의 백정들은 갓을 쓸 수 없었고,

물렀거라!

108

오직 패랭이만 쓸 수 있어 신분을 구별하기 쉬웠습니다.

이제는 백정도 패랭이가 아닌 갓을 쓸 수 있게 되어
신분을 구별할 수 없게 된 것입니다.

하지만 갑작스러운 변화를 두려워하고 의심한 몇몇 사람들은
갓을 쓰지 못하고 패랭이를 고집하기도 했습니다.

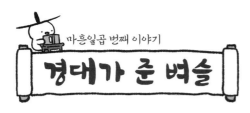

마흔일곱 번째 이야기

경대가 준 벼슬

1896년, 고종은 명성 황후의 죽음을 가슴 아프게 여겨
명성 황후의 이름만 나와도 눈물을 흘렸고,

보고 싶소….

명성 황후가 쓰던 경대를 보면 탄식하고는
손으로 어루만지며 쉽게 내려놓지 못했습니다.

어느 날 한 환관이 자신과 친한 사람의 이름을 적은 종이를
명성 황후의 경대에 몰래 넣었습니다.

경대를 만지던 고종이 종이를 발견해
환관에게 종이의 출처를 물어보았습니다.

그러자 환관은 울먹이며
말했습니다.

수령에 어울리는 인재를
추천하라 하셔서 말씀드렸더니
명성 황후께서 그 이름을 적어
보관하셨나 봅니다.

환관의 말에 고종은 슬퍼하고는
종이에 적힌 자를
군수로 임명하였습니다.

히히, 이게
웬 떡이냐!

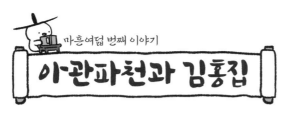

아관파천과 김홍집

마흔여덟 번째 이야기

1896년, 김홍집 내각과 일본으로부터 감시받던 고종은
이범진, 이완용, 이윤용 등의 도움으로 정동에 있는 러시아 공사관으로 몸을 옮겼습니다.

무사히 피신한 고종은 개화파 김홍집 내각을 파면해
김홍집과 정병하를 죽이고 시신을 저잣거리에 전시했습니다.

사람들은 김홍집이 단발령을 주도했다고 생각하여
그의 시신에 분풀이했습니다.

김홍집의 죽음을 알게 된 부인이 자결하자, 젖먹이였던 김홍집의 아이는
포대기에 싸인 채 사망해 이를 불쌍하게 여기는 사람도 있었습니다.

아기는
무슨 죄가
있다고…

비록 김홍집이 일본과의 화합을 주장했지만, 흥양 현감 시절
흉년으로 찾아온 고비를 잘 헤쳐 나갔기에 김홍집의 죽음을 안타까워한 것입니다.

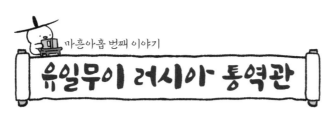

마흔아홉 번째 이야기

유일무이 러시아 통역관

김홍륙은 함경도에서 태어나 러시아와 인접해 있었던 덕에
러시아어를 빠르게 익혀 러시아 통역사가 되었습니다.

김홍륙

아관파천 때 러시아 공사관의 도움을 받은 후
고종은 러시아 공사의 말에 많은 영향을 받았습니다.

Спасибо.
(감사합니다.)

히히, 제가
조선에서
제일 미남이라
합니다~.

당시 러시아어가 어려워 아는 사람이 거의 없어
통역사는 오롯이 김홍륙 한 명뿐이었고,

이로 인해 김홍륙의 방자와 기만은 도를 넘었습니다.

내 주위에서
10보씩
떨어지게!

뛰어난 러시아어 실력 덕분에 고종의 총애를 받자 김홍륙의 입에서
누군가의 이름이 언급되면 벼슬이 내려지기도 했습니다.

벼슬 받고 싶으면
나에게
잘 보이라고~.

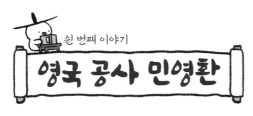

영국 공사 민영환

영국에 갔던 영국 공사 민영환이 조선으로 돌아왔습니다.

고종은 그가 돌아오자마자 공사의 임무를 완수하지 못했다는 이유로 직위를 빼앗았는데, 사건의 전말은 이러했습니다.

억울합니다….

런던에 간 민영환이 축하 사절들의 모습을 보고 남들과 달라선 안 된다고 생각해
서양인처럼 머리카락을 자르고 양복을 입었습니다.

조선인은 머리카락을 자르지 않는다는 말에 그 모습이 궁금했던
빅토리아 여왕은 민영환을 부르게 됩니다.

하지만 생각과 다른 그의 모습에
여왕은 실망하게 되었습니다.

이후 사람들은 그가 조국의 체통을
지키지 못했다며 꾸짖었지만,
그는 귀국 후에도 모습을 바꾸지 않았습니다.

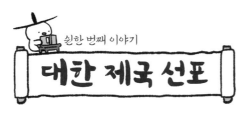

대한 제국 선포

아관파천으로 러시아 공사관에서 1년을 머물렀던 고종은
1897년 2월 20일에 덕수궁으로 다시 돌아왔습니다.

돌아온 고종은 국제 사회에서 대등한 국가 활동을 위해
황제 칭호를 고민하였으나 러시아, 미국, 프랑스가 반대했습니다.

하지만 황제의 칭호를 붙이는 것은 백성들이 추대하는 것이지 다른 나라의 승인은
중요하지 않다는 신하들의 말에 고종은 황제의 칭호를 결정했습니다.

즉위식 전날 황룡포와 면류관을 쓴 고종 뒤로 순종과 신하들이 환구단*으로 향하는
황제 행차를 진행했는데, 백성들은 새 시대의 시작을 무척 기뻐했습니다.

1897년 10월 12일 환구단에서 황제 즉위식을 거행하고, 10월 13일 공식적으로
대한 제국 출범을 선포했습니다.

*환구단 : 고려 시대부터 하늘과 땅에 제사를 지내던 곳. 또는 제사를 지내던 단.

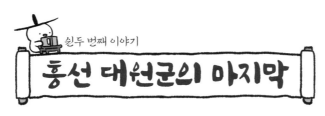

흥선 대원군의 마지막

1898년 2월, 흥선 대원군이 별세하였습니다.

흥선 대원군은 병이 위독해지자 맏아들 이재면을 불러 이렇게 말하였습니다.

내가 주상을 보면 죽어도 여한이 없겠는데, 어떡하면 좋겠는가?

이재면은 이를 고종에게 전하면 자신에게 노할까 두려워 전하지 않았습니다.

흥선 대원군은 마지막까지 고종을 기다리다 큰 한숨을 내쉬며 숨을 거두었습니다.

흥선 대원군이 못한 것도 있지만, 경륜*이 쌓여 나라의 어르신으로
의지했기에 사람들은 그의 죽음을 슬퍼했습니다.

*경륜 : 세상을 다스림. 또는 그런 능력.

제주 민란과 방성칠

1898년, 육지에 살던 방성칠이라는 사람이 제주도에 갔습니다.

놓고 가는
물건은 없수?

그는 요사스러운 점괘를 풀며 백성을 현혹하더니 제주도의 왕이 되려고 했습니다.

술술 풀린다~.
줄줄 나온다!

우아!

그 당시 제주도를 다스리던 제주 목사* 이병휘는 탐욕스럽고 포악했습니다.

고충을 알았던 방성칠은 백성들에겐 이병휘를 내쫓자며 구슬리고,
귀양살이 중인 사람들에게는 벼슬을 주겠다며 농간을 부렸습니다.

귀양살이하던 김윤식, 이승오, 서주보, 정병조 등은
명월포로 피신해 백성들을 회유하고 방성칠을 몰아냈습니다.

*목사 : 관찰사 밑에서 지방의 목을 다스리던 정삼품 외직 문관.

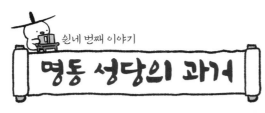

명동 성당의 과거

쉰네 번째 이야기

지대가 높고 탁 트여 조망이 좋았던 종현은 명동과 저동 사이에 있었는데,
윤정현의 집이 그곳에 자리 잡고 있었습니다.

한 서양인이 윤정현의 집을 구매해 헐더니 이내 평지로 만들어
그 자리에 성당을 짓기 시작했습니다.

6년이란 시간에 걸쳐 성당을 완공하니
성당은 높고 우뚝하여 산을 깎은 것처럼 보였습니다.

성당은 많은 수의 사람이 들어갈 수 있을 정도로 컸고,
사람들은 이곳을 종현 학당이라 불렀습니다.

미래에는
명동 성당이라
불린다지.

세례를 받은 남녀가 밤낮없이 몰려들자
마치 저잣거리에 사람들이 몰려드는 것 같았다고 합니다.

남녀가
붙어 있다니
세상이
말세로다!

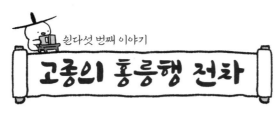

고종의 홍릉행 전차

1897년, 시해당한 명성 황후를 동대문구 청량리에 안장하면서
이곳을 홍릉이라 불렀습니다.

명성 황후를 유난히도 그리워했던 고종은 홍릉에 자주 찾아갔는데,
이동할 때마다 경비가 만만치 않았습니다.

미국인 사업가 콜브란과 보스트위크는 행차 비용 절감과 백성들의 교통수단으로 유용하다며 고종을 설득했고,

1899년 5월,
서대문-종로-동대문-홍릉(청량리)
구간 전차가 개통되었습니다.

출발~.

하지만 전차를 운행하면서 많은 인명 사고가 일어나 열차에 대한 인식이 좋지 못했습니다.

으악!

정작 고종은 전차의 생김새가 상여와 비슷하다며
이용하는 것을 꺼려 했다고 합니다.

상여처럼 생긴 게
참으로
찝찝하구나.

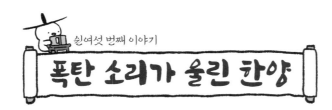

폭탄 소리가 울린 한양

1899년, 한양에 권세 높은 관리의 집에서
폭탄이 터지는 일이 자주 발생하였습니다.

쾅!

특히 밤만 되면 폭탄이
계속 터졌고,

오늘은
저쪽 집인가 봐.

문신 신기선의 사랑채도 폭탄이 터져
조사해 보았지만 범인을 찾지 못했습니다.

무차별한 폭탄 테러에 고종은 러시아 공사관으로 은밀하게 몸을 숨겼습니다.

마침내 범인 임병길을 잡았지만, 궁궐을 침범하려는 음모 외에는
범행의 목적을 알 수 없었습니다.

그 이후 왕과 주요 인사들의 안전을 위해 궁궐에서는 야간 순찰을 강화했습니다.

혼을 보고 받은 벼슬

쉰일곱 번째 이야기

1899년, 충주에 사는 성강호라는 자가 죽은 사람을 볼 수 있다는 소문이 돌았습니다.

저기, 귀신이 있소!

명성 황후가 보고 싶었던 고종은 성강호를 궁궐로 불렀습니다.

하루는 경효전*에서 차를 마시는데 갑자기
성강호가 계단 아래에 엎드려 절을 하곤 이렇게 말했습니다.

그 말에 고종은 탑을 어루만지며 통곡하였습니다.

고종은 명성 황후가 그리울 때마다 그를 불렀고, 그 덕에 벼슬이 높아져
성강호의 집 앞은 사람들로 가득했다고 합니다.

*경효전 : 조선 고종의 비인 명성 황후의 신위를 모시던 혼전으로 덕수궁 안에 있었다.

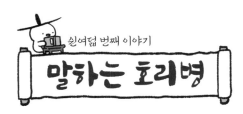
쉰여덟 번째 이야기

말하는 호리병

1899년, 통천에 살던 김원동은 방탕하게 살다
자신의 아버지에게 버림을 받았습니다.

아, 아부지!

나가!

정처 없이 떠돌던 김원동은
구리에 있는 동구릉에서
작은 호리병을 발견했는데,

이 호리병은 폴짝폴짝 뛰며
사람처럼 말을 했습니다.

안녕?

신기했던 김원동은 호리병에
밥을 얻어먹을 수 있는 곳을 물어보자,
호리병은 이렇게 대답했습니다.

아무 곳이나
가도 돼!

호리병의 말에 따라 발이 가는 대로 갔더니 김원동은 밥을 얻어먹을 수 있었습니다.

뜨끈한 국밥이
최고지!

이 이야기가 한양에서 유명해지자 고종은 김원동을 불렀고,
점괘가 잘 맞아 그에게 벼슬을 내렸습니다.

오,
신비롭도다.

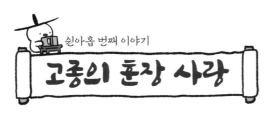

고종의 훈장 사랑

1900년, 이재순, 민영환, 권재형, 조병식 등에 모두 공로가 있다며
고종은 서훈* 3등급을 내리고 태극장을 주었습니다.

김치~!

훈장은 서양에서 시작된 것으로 군주끼리 교환식을 하거나,
특별한 공이 있는 신하에게 주었습니다.

원만한 관계를
이어 가죠!

*서훈 : 나라를 위하여 세운 공로의 등급에 따라 훈장이나 포장을 줌.

고종은 외국을 사모하는 데 들떠 훈장과 기장 등에 관한 일을 하는 표훈원을 세우고
훈장을 수여하는 규칙을 정하게 된 것입니다.

세상 사람이 매국노라 부르며 손가락질 받던 사람도 훈장을 받았고,
1년 뒤에는 졸병, 머슴도 훈장을 받아 차고 다녔습니다.

그중 훈장을 받은 일본인은 훈장을 녹여
팔기도 했습니다.

헤헤,
공돈이무니다!

흔하게 볼 수 있는 훈장으로
많은 사람에게 비웃음을 샀지만,
고종은 이를 몰랐다고 합니다.

누가
내 욕하나?

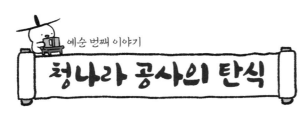

청나라 공사의 탄식

1900년, 대한 제국으로 온 청나라 공사 서수붕은 고종에게 이런 말을 했습니다.

대한 제국은 운수가 좋고 풍속도 참 아름답습니다.

우리의 상황은 좋지 않은데, 자네가 무슨 말을 하는지 통 모르겠소.

고종은 말의 뜻을 이해하지 못 했는지 웃음을 터뜨렸고,
고종이 부끄러워할 줄 모르자 서수붕은 돌아가며 탄식을 했습니다.

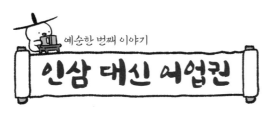

인삼 대신 어업권

1900년, 개성에서 기르고 있는 인삼을 일본인들이 마구 채취하는 일이 일어났습니다.

> 나쁜 놈들!

외무아문 대신 박제순은 인삼 대신 바다에서 물고기를 잡을 수 있게
어업권을 허가했습니다.

> 이걸 드릴 테니
> 인삼을 마구
> 캐지 마시오.

> 히히, 이게
> 웬 떡이무니까!

해상 어채권

138

일본인 관리가 인삼을 뽑지 말라는 게시문을 붙이자,

한반도 바다에 일본 어선들이 잔뜩 나타나
물고기를 마구 잡기 시작했습니다.

그로 인해 대한 제국의 어민들은 어획량이 줄어들어 조업이 어려워졌습니다.

Episode 4. 1901년 ~ 1904년

1901년,
백동화를 전환국에서
만들기 시작하는데!
일본에서 건너온 백동화와
마구잡이로 찍은 돈으로 경제가
점차 무너졌다고 한다~.

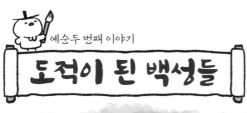

도적이 된 백성들

전국에 일어난 홍수로 집이 떠내려가고,
시체가 떠다니는 등 전국이 폐허가 되었습니다.

게, 아무도
없소?

홍수와 함께 모든 것을 잃은 백성들은 유랑 생활을 하게 되었고,
이로 인해 온 고을마다 구걸하는 이가 줄을 지었습니다.

한 푼만
줍쇼.

유랑자들로 힘들어진 고을들은 구휼미와 세금을 낮출 것을
요청했지만 고종은 어떠한 대책도 세우지 않았습니다.

생계가 힘들어지니 민심은 사나워졌고 전국에 도적들이 끊이지 않았습니다.

한양에서는 대낮에 약탈 사건이 자주 일어났고,
결국엔 관아까지 털리는 일이 벌어졌다고 합니다.

이재수의 난

여아대를 지닌 프랑스 선교사들이 제주도에서 포교 활동을 했는데,
여아대는 왕을 대하듯 행동하라는 표식으로
치외법권을 손에 쥐고 다니는 것과 다름없었습니다.

제주도에서 유배 중이던 이용호가 먼저 신자가 되었고,
수많은 사람이 따라 믿게 되자, 선교사와 관리가 손을 잡아
여아대를 이용해 백성들에게 세금을 과징 부과합니다.

에헴,
세금 낼
시간이오~.

몇몇 불량한 신도들은 신당을 부수거나 신목을 잘라 내는 악행을 벌이다
결국 사람이 죽는 일까지 일어났습니다.

불만이 쌓인 이재수와 다른 이들이 신자들을 공격했는데,
이백오십 명이 죽게 됩니다.

이에 분노한 프랑스가 함대를 보내 공격할 태세를 보이니
조정에서는 황급히 지원군을 보내 주동자들을 잡아 사형에 처합니다.

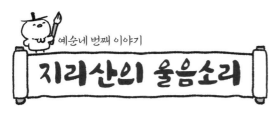

지리산의 울음소리

1901년, 남원에 살던 안영중이란 사람은 도술을 잘 부릴 줄 알았다고 합니다.

우아, 진기명기!

안영중은 궁궐에 찾아가 고종에게 말하기를
지리산 산맥이 바다를 건너 일본 땅이 되려 하니,

지리산의 산맥을 끊으면 일본이 자멸할 것이라 했습니다.

우리를
가만히
내비둬!

그 말에 고종은 풍수가 안영중에게 인부들을 내어 주며 지리산의 산맥을
끊고 오라는 명령을 내립니다.

작업을 하면서 암반과 물줄기가 솟구치는 일이 많아 지역 관찰사가 말렸지만
안영중은 들은 체도 하지 않다가 공사 중에 지리산이 크게 우는 소리를 내자
그제야 공사를 멈추게 되었습니다.

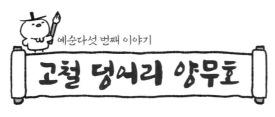

고철 덩어리 양무호

1903년, 대한 제국은 일본 군함 양무호를 구매하였습니다.

삼정 회사에서 주문한 것으로 군함의 값은 20만 원이며,
국채로 공제했습니다.

빠르게
갚으셔야
되무니다!

아, 알겠네.

양무호가 도착하자 한 신하가 급하지 않다는 이유로 반환을 요청하였으나
일본인은 질책을 쏟아 냈고, 대한 제국은 마지못해 양무호를 구매하게 되었습니다.

그러나 양무호는 물이 새는 곳이 많아 운행이 어려울 정도로 고물이었고,

일본인 기술자를 불러 수리하는 데 거액의 비용이 들었다고 합니다.

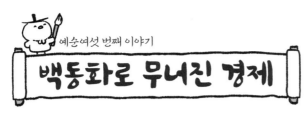

백동화로 무너진 경제

화폐를 관리하는 전환국에서 발행된 백동화는 백동으로 만든 동전으로
백동화 한 개는 엽전 스물다섯 개와 동일한 가치를 지녔습니다.

전환국의 동전 기술은 일본에서 왔는데,
이때 몰래 만든 백동화와 제조 기계가 함께 대한 제국으로 넘어왔습니다.

위조된 백동화가 시장에 풀리자 인플레이션이 발생해
대한 제국의 경제는 무너지기 시작했습니다.

이후 일본이 화폐 정리 사업을 맡게 되는데, 청일 전쟁으로 국고가 바닥났음에도
일본은 은행권을 마구 찍어 냈습니다.

그 결과, 대한 제국의 경제는 서서히 일본의 경제에
종속되기 시작했습니다.

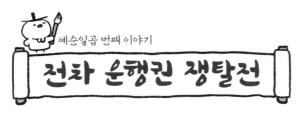

전차 운행권 쟁탈전

서울의 전차는 미국인이 3년만 운행하고 정부로 반환할 것을 약속했습니다.

하지만 3년이 지나도 미국인은 그 약속을 지키지 않았고
도리어 돌려주기를 거부하였습니다.

그러자 서병달은 방문을 붙여, 백성들에게 전차를 타지 말자며 선동했고,

점점 일이 커지더니 이제는 사람들이 전차에 돌을 던져
파손시키는 일까지 생겨났습니다.

크게 화가 난 미국인들이 정부를 위협하니 서병달을 잡아 감금했다고 합니다.

분하다!

북여요람

북간도는 토문강 아래, 두만강 서쪽 지역의 땅을 말하는데
여기서 간도는 조선과 청나라 사이에 놓인 섬이라는 뜻에서 유래되었습니다.

예로부터 간도는 고조선, 부여, 고구려, 발해의 땅이었지만,
이때는 세 나라 사이에서 주인 없는 땅이었습니다.

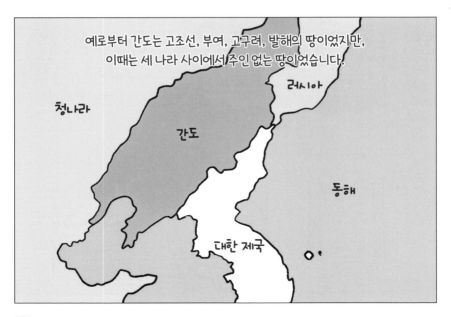

반복되는 무리한 세금으로 힘들었던 서북민이 간도로 이사를 하기 시작했는데 그 수가 십만 가구였고, 주인 없는 땅인 탓에 그들은 조선에 속하지 않았습니다.

간도

대한 제국

시간이 흘러 간도가 청나라와 러시아에 점령당하기 시작하자 서북민들은 대한 제국으로 소속되기를 원했습니다.

간도는 대한 제국의 땅이요!

우리도 대한 제국 사람이오!

대한 제국은 이범윤을 파견하여 간도에 대한 정보를 적어 책으로 만들었고, 그 책이 바로 <북여요람>입니다.

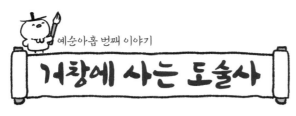

거창에 사는 도술사

거창 산골에 차성충이라는 사람이 살았습니다.

이래 봬도 사람이오.

1903년, 그가 특이한 도술을 부린다는 소문이 들리자 몇몇 소인배들이 고종에게 부풀려 이야기했습니다.

전하, 공중 부양하는 도술사를 들어 보셨습니까?

이에 고종은 관찰사 민형식을 불러 차성충을 궁궐로 데려오라는
명령을 내렸습니다.

민형식은 거창의 모든 산을 샅샅이 뒤져
겨우 그를 찾아냈는데,

저깁니다요!

그를 불러 보니 쑥대머리에 손발이 부르터서 생김새가 도깨비처럼 보였을 뿐
도술을 부리는 사람이 아니었다고 합니다.

나를 와
불렀는교?

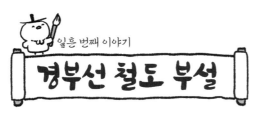

경부선 철도 부설

1901년, 일본이 경부선 철도를 건설할 때 상중하로 지역을 나눠 공사를 계획합니다.

상은 '한양', 중은 '천안', 하는 '부산'으로 정해
각자의 위치에서 작업을 시작했습니다.

한양

천안

부산

한양의 철도 길은 남대문 도동에서 시작했는데, 길을 곧게 시공하기 위해
거주하던 집은 철거시켰고, 무덤은 이장 비용으로 3원을 주며 파냈습니다.

일부 인부들은 모질고 악랄하여 낮에는 상인을 강탈하고,
밤에는 도둑이 되곤 했습니다.

일본은 우리 백성을 고용해 후한 품삯을 주었지만
게으르거나 무능력한 사람은 폭행하고 구덩이에 묻었다고 합니다.

이리 현상금

일흔한 번째 이야기

1903년, 이리 현상금에 대한 방문이 한양에 붙게 됩니다.

예로부터 이리는 한반도에서는 보기 힘든 동물이었습니다.

그런데 5, 6년 전부터 이리가 하나둘씩 나타나더니
한 아이가 잡아먹히는 일이 생겨났고,

집에서 기르던 돼지와 양 등을 잡아먹어 가축의 수가 줄기 시작했습니다.

이런 문제로 골치 아프게 되자 이리 한 마리에
50원이라는 현상금이 붙게 되었답니다.

러일 전쟁

일흔두 번째 이야기

청일 전쟁 후 1904년, 만주 지역으로 진출하려는 일본과
만주 지역으로 확장하려는 러시아가 결국 충돌하게 되었습니다.

얼지 않는 바다는
우리가 갖겠어요우!

만주도 뺏고,
조선도 탐내고.
더는 가만히 있지
않겠스무니다!

일본은 영국과 미국의 든든한 지원을 받아
인천 앞바다에서 러시아 함대를 기습하며 선전 포고를 했습니다.

우리의 주특기
기습 공격
어떠시무니까!

이게 무슨
날벼락이야!

러시아가 뤼순에 요새를 만들고 버티자 일본군은 한반도를 통해 뤼순을 점령했고,
1905년 5월, 러시아는 발트 함대도 보냈지만 결국 일본에게 격파당했습니다.

두 나라는 예상보다 길어진 전쟁으로 비용이 만만치 않자,
미국의 중재로 '포츠머스 조약'을 맺으며 전쟁을 끝내게 됩니다.

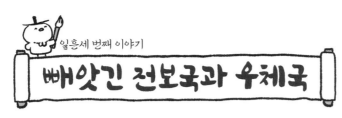

빼앗긴 전보국과 우체국

러일 전쟁이 일어나자 일본은 대한 제국이
러시아와 내통하여 일본의 군사 기밀을 전달할까 두려워했습니다.

러시아 견제를 위해 대한 제국의 전보국과 우체국을
강제로 빼앗으며 이렇게 말했습니다.

하지만 전쟁이 끝나도 그들은 약속한 전보국과 우체국을 돌려주지 않았고,

이때부터 조정에서는 매해 수백만 원의 세금을
잃게 되었다고 합니다.

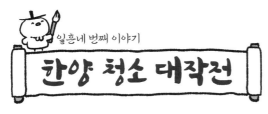

한양 청소 대작전

악취로 물든 한양에 환경 미화를 담당하는 정예소를 설치해 운영하였습니다.

> 우리 다 같이 깨끗하게 살아 보세~!

정예소

일본인들은 한양의 길거리와 도랑에 오물이 넘쳐 나니
고약한 냄새를 풍기고, 독기를 내뿜는다고 하였습니다.

> 으악!
> 똥 밟았다!

당시 러일 전쟁으로 말을 탄 군인들이 자주 이동했는데,
이 말들이 싼 똥 때문에 악취가 더욱 심했습니다.

정예소가 생긴 뒤로 고을마다 날짜를 정해 청소하게 했고,

청소의 날

집집이 대변 통을 땅에 묻게 했으며
길에서 볼일을 보면 벌금을 내게 했다고 합니다.

멈춰!

카자크인과 일본인

러시아 서북부에 카자크인이 있었는데,
그들은 사납고 악독하여 유럽 사람들이 두려워했습니다.

너무
무서워요우!

대한 제국에서는 카자크인에 대한 이상한 소문이 퍼져 있었는데,
진화가 덜 된 탓에 그들에게 아직 꼬리가 남아 있고,
인육을 양식으로 삼는다고 하였습니다.

또, 그들은 말도 잘 타 눈 깜짝할 사이에 십 리를 달렸다 합니다.

그러나 실제로 만난 카자크인은 꼬리가 없었고, 용모는 사납게 생겼을지언정 대화를 나누면 부드러운 태도를 보였다고 합니다.

하지만 일본인만큼은 이를 갈며 미워했고, 그들이 조선인으로 위장해 러시아를 염탐한다는 걸 알게 된 후로 머리를 짧게 자른 사람만 보면 그 자리에서 죽였다고 합니다.

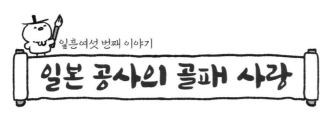

일본 공사의 골패 사랑

1904년, 일본 공사 조민희가 귀국했습니다.

조민희는 말과 행동을 조심하지 못했고, 도박을 좋아하는 사람이었습니다.

그중 골패는 목숨과 바꿀 정도였다고 합니다.

골패 없이
못 살아
정말 못 살아~.

그는 부모님의 장례식 때도 밤낮없이 대국을 벌였고, 중단의 소매에 골패를 넣고
비벼대 소매가 해어지자 사람들은 그를 '골패 귀신'이라고 불렀습니다.

아부지,
골패 조금만
하고 올게요~.

그는 별 능력이 없었지만, 든든한 집안 덕분에 관직에 계속 있을 수 있었답니다.

골패 대감이
이번 판도
제패하겠노라~.

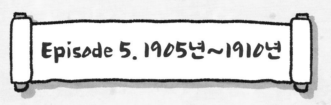

Episode 5. 1905년~1910년

1905년,
매국노가 조정에 즐비하여
순식간에 나라를
빼앗기게 되는데!
을사늑약에 동의한 이들을
을사오적이라고 부른다~.

내시 김한종의 한마디

일본인들이 내시의 인원 감축을 요구하자
그 소식에 모든 내시가 모여 통곡했습니다.

시끄럽소!

아이고, 아이고!

이근택

내시 김한종이 이근택을 향해 이렇게 꾸짖었습니다.

너희는 내시들이
나라를 망쳤다 말하지만,
정작 매국한 사람들은
너희가 아니더냐!

김한종

174

이 말을 들은 이근택은 얼마 뒤 일본군에게 김한종과 내시를 체포하라는 명령을 내렸고,

김한종은 잽싸게 도망가 잡히지 않았다고 합니다.

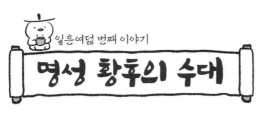

명성 황후의 수대

을사오적 중 한 명인 이근택은 임오군란을 피해 충주로 내려온 명성 황후에게
매일 신선한 생선을 바쳤고, 훗날 환궁한 명성 황후는 그에게 관직을 주었습니다.

을미사변으로 명성 황후가 시해되고
이근택이 일본에서 한 상점을 우연히 방문하게 되는데,

176

그곳에서 피 묻은 수대 하나가 눈에 띄어 자세히 살펴보니
명성 황후의 수대임을 알게 되었습니다.

이근택은 그 수대를 6만 원에 구매해
고종과 순종에게 바쳤습니다.

감격한 고종은 이 일로 이근택을 더욱 신임하게 되었습니다.

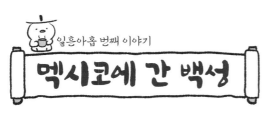

멕시코에 간 백성

일흔아홉 번째 이야기

1905년, 멕시코에 간 유민들을 노예처럼 부린다는 소문이 퍼져
백성들이 해외로 나가는 것을 금지했습니다.

이미 하와이로 간 백성은 1만여 명이 되었고, 보통 백성이 다른 나라에 가면
영사를 보내 국민을 보호해 달라는 요청을 했습니다.

하지만 대한 제국은 영사를 보낼 형편이 되지 못해
일본의 하와이 영사에게 부탁했습니다.

우리 백성들 좀
지켜 주시오.

그 소식을 들은 유민들은 대한 제국의 공사를 파견해 주길 원해 이를 반대했고,
조정에서는 이뤄 낼 수 없는 현실에 슬퍼했습니다.

힘이 없어
애석합니다.

여담으로 굶주린 우리 백성을 유인한 일본인이
남녀 수천 명을 배에 싣고 멕시코에 팔아넘긴 일도 있다고 합니다.

헤헤,
이제 나는
부자이무니다!

여든 번째 이야기

을사늑약

러일 전쟁의 승리 이후 조선에 군대를 주둔했던 일본은 조선과 외교 관계를 맺고 있는 열강의 암묵적 동의를 받아 을사늑약 조약서를 만들었습니다.

일본은 주요 대신들과 이완용 등을 매수하고, 궁궐 주변과 서울 일대에 병력을 배치하는 등 조선을 차지하기 위한 준비를 했습니다.

1905년 11월, 이토 히로부미는 궁을 찾아가
을사늑약에 서명을 요구하였고, 고종은 이를 거부했습니다.

그는 어전 회의장으로 가 대신들에게 의견을 물었고 이완용, 이지용, 박제순,
이근택, 권중현이 찬성하니 일방적으로 을사늑약이 체결되었습니다.

하루아침에 박탈당한 외교권과 일본의 통감부* 설립 소식에
백성들은 거리로 나와 울부짖었습니다.

*통감부 : 1905년부터 1910년까지 일제가 서울에 둔 관청.

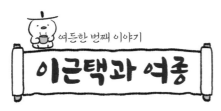

이근택과 여종

이근택의 아들과 한설규의 딸이 혼인을 했는데,
한설규의 딸은 시집을 갈 때 여종 한 명을 데리고 갔습니다.

을사늑약을 맺은 당일 이근택이 궁궐에서 돌아와
강제로 조약을 맺게 된 이야기를 말했습니다.

오늘 궁궐에서
을사늑약을 맺었는데,
나는 다행히
죽음을 면했소.

부엌에 있던 한설규의 여종이 그의 말을 듣게 되었고,

여종은 부엌칼을 들고나와 이렇게 외쳤습니다.

이놈! 대신이 되어
나라의 은혜를 받고도 위태로운 나라에
희생은커녕 죽음을 면했다 하느냐!
비록 내가 천민이지만
어찌 개의 종이 될 수 있겠느냐!
나는 옛 주인에게 돌아가겠다!

여종은 짐을 싸 한설규의 집으로 돌아가 버렸습니다.

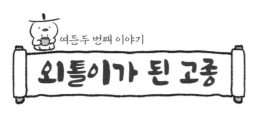

여든두 번째 이야기
외톨이가 된 고종

을사늑약 체결 이후 이토 히로부미는 궁궐 앞에 일본 병사를 세워
무당이나 점쟁이의 출입을 막았고, 통감부의 허가 없이는 신하들도 드나들 수 없었습니다.

궁궐의 출입이 제한되니 고종은 혼자 있게 되었고,
홀로 있는 동안 두려움에 떨며 매일 눈물을 흘리니 눈은 부어있었습니다.

하루는 순종을 불러 이렇게 말을 합니다.

지금 세계 열강들이 다른 나라를 빼앗아도 그 나라의 임금은 죽이지 않는다던데 우리 부자도 죽음을 면하지 않겠느냐.

그 시각 백성들은 궁궐을 가리키며 고종을 비웃었습니다.

사사로운 일에도 신하들을 마구 부르시더니, 지금은 왜 부르지 않고 있을까?

여담으로 고종의 둘째 아들 의친왕을 궁으로 불렀지만 그는 찾아 오지 않았고,
고종은 혼자 김덕수의 산정에서 술을 마셨다고 합니다.

술이 내 친구로다!

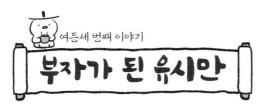

부자가 된 유시만

여든세 번째 이야기

유운룡의 후손인 유시만이 있었습니다.

1906년, 그는 유운룡의 비밀 문서를 얻게 됩니다.

하하하,
심봤다!

사실 그 비밀 문서는 유시만이 만든 문서로 유운룡의 묘에 몰래 묻어 두었다가
묘를 이장하면서 발견한 척을 한 것입니다.

그는 자신이 만든 비밀 문서를 들고 고종을 찾아갔고,
'대안문을 대한문으로 바꾸고 도읍을 안동의 신안면으로 옮기면 나라의 운이
좋아진다'는 글을 고종이 읽게 됩니다.

현혹된 고종은 대안문의 이름을 바꾸었고, 유시만에게 돈을 주며 안동에
행궁을 지으라 했지만, 유시만은 돈을 들고 도망가 큰 부자가 되었답니다.

이 돈은
이제
제 겁니다!

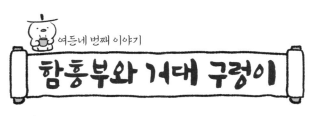

함흥부와 거대 구렁이

함흥부에 한 정자가 있는데, 그곳은 태조 이성계가 말을 타며 활을 쏘던 곳입니다.

1906년, 이 정자에 보배로운 기운이 있다 하여
일본군이 땅을 파 보았는데 땅 아래에서 반석이 나왔습니다.

일본군이 그 반석을 깨자 큰 구렁이 한 마리가 날아오르듯 나왔습니다.

날 깨운 자가
누구인가?

몸길이가 12m나 되는 구렁이에 놀란
일본군은 총을 쏴 죽였습니다.

죽은 구렁이를 동문 밖에서 불태우자
불쾌한 냄새가 났고, 냄새를 맡은 일본군 중
일곱 명은 피를 토하며 죽었습니다.

다음 날 비슷한 크기의 구렁이가 또 나타나자 일본군은 또 총을 쏘았지만
이상하게도 맞지 않았으며, 그 뱀은 정자 앞에서 밤새 슬피 울었다고 합니다.

못된 것들
흑흑…

여든다섯 번째 이야기

이창원의 산삼 소동

1906년, 이창원은 산에서 산삼을 캐어 남중희에게
산삼을 팔아 달라고 부탁했습니다.

산삼을 판다는 소식에 을사오적인 이지용은 남중희를 찾아가 이렇게 말했습니다.

구매한 산삼을 먹은 이지용은 산삼의 효험으로 두 여자를
거느리게 되었지만, 남중희와 약속한 군수 자리는 주지 않았습니다.

하하,
기운이 펄펄
솟구치는구나!

산삼값을 못 받은 이창원이 남중희에게 산삼을 달라고 말하자,
남중희는 이지용에게 군수 자리를 내놓으라 소리쳤습니다.

산삼값을 줘야 하니
어서 군수 자리를
내놓으시오!

지금 당장은
못 주겠소.
기다리시오~.

하필 이창원의 아우가 통감부의 직원이었는데, 이 소식을 이토 히로부미에게
하소연했고, 이창원은 이지용에게 산삼값을 받을 수 있었다고 합니다.

아까운
내 돈….

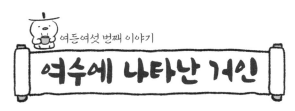

여든여섯 번째 이야기

여수에 나타난 거인

1906년, 일본인들이 여수 동헌*에 머물렀을 때의 일입니다.

히히, 잠시 빌리겠스무니다~.

어느 날, 키는 수십 미터에 몸집은 집채와 같으며 사납고 추하게 생긴 형체의 괴물이 처마에서 두리번거렸습니다.

저, 저게 난다요!

*동헌 : 지방 관아에서 공공의 일을 하는 건물

놀란 일본인은 연달아 총을 쐈지만 꿈쩍도 하지 않았고,
아무런 소용이 없자 총을 쓰지 못했습니다.

이거나
먹으시무니다!

얼마 지나지 않아 섬광이 번쩍거리더니 한탄하는 소리와 함께 사라졌습니다.

으아악!
나니!

흐흐흑.

다음 날 밤에도 정체불명의 괴물이 나타나자
일본인들은 여수에서 달아났습니다.

죄, 죄송하무니다!

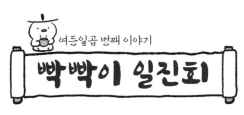

빡빡이 일진회

일진회는 독립 협회와 동학에 소속되어 있던 몇몇 사람들이 만든
친일 단체로 악명이 높았습니다.

이 단체는 일본이 강요한 단발령에 적극 찬성한다는
의미에서 삭발하고 다녔습니다.

1906년 10월, 일진회 회장 이용구는 을사늑약 1주년을
기념하기 위한 연회를 주최했고,

기념 연회에 여러 관리를 초청했지만 관료 최상돈만 참석했습니다.

나 왔어~!

시간이 흘러 일진회가 일본에 불필요해지자 일진회 보호는 소홀해졌고,
백성들은 그 틈을 타 빡빡이만 보면 구타했다고 합니다.

빡빡이
일진회다!

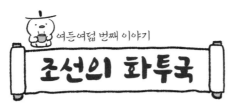

조선의 화투국

예로부터 내려오던 노름 중에는 투전과 골패라는 도박이 있었습니다.

1894년 갑오개혁 이후 도박은 중지되었지만,
1906년 일본인이 서울과 각 항구에 화투국을 세웁니다.

화투는 원래 포르투갈의 카드놀이였는데,
일본이 이를 풀과 꽃으로 바꿔 화투로 만들었습니다.

하지만 일본에서는 화투가 좋지 못하다며 자국에서 금지시키자
조선에 퍼트리기 위해 화투국을 만든 것입니다.

헤헤,
한 판에 얼마
안 하무니다!

이후 화투국에는 파산하는 사람들로 줄을 이었고, 일본인 타짜들도 건너와
이곳에서 기승을 부렸다고 합니다.

동작
그만!

나, 난다요!

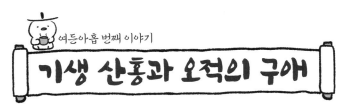

기생 산홍과 오적의 구애

진주 기생 산홍은 얼굴이 아름다우며 서예가 뛰어난 여인이었습니다.

1906년, 을사오적 중 한 명인 이지용이 산홍에게
돈을 건네며 자신의 첩이 되어 줄 것을 요구하였습니다.

얼마면
돼?

이에 산홍은 이렇게 대답했습니다.

세상 사람들이 대감을
을사오적의 우두머리라 하더이다.
천한 기생이라도
사람 구실은 하며 살았는데,
어찌 역적의 첩이 되라 하십니까?

그 말에 화가 난 이지용은 그 자리에서 산홍을 무자비하게 때렸습니다.

감히
내가 누군 줄
알고!

그 후로도 계속되는 이지용의 첩 요구와 권력을 이용한 위협에
산홍은 결국 자결하여 세상을 떠났습니다.

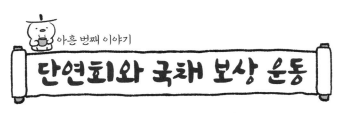

단연회와 국채 보상 운동

1907년, 대구에서 서상돈과 김광제 외 여러 사람이 단연회를 결성해
국채 보상금을 모으기 시작했습니다.

당시 대한 제국은 일본에 진 부채가 130만 원이나 되어
갚지 못하면 속수무책으로 나라를 빼앗길 위기에 처했습니다.

헤헤,
우리에게 갚을 것이
많스무니다~.

서상돈과 사람들은 대한 제국의 백성이 이천만 명이니 모두가 담배를 끊어
석 달 치의 담배값 60전으로 빚을 해결할 수 있다고 생각했습니다.

국채 보상금에 대한 글을 신문에 실어 전국에 알리자
사람들은 10전, 20전부터 1천 원, 1만 원까지 다양하게 기부했습니다.

기부자를 살펴보면 한양의 사대부나 부자들은 참여하지 않고,
일반 백성이나 천민들이 참여했다고 합니다.

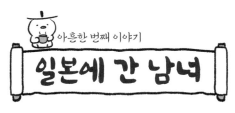

일본에 간 남녀

아흔한 번째 이야기

부산 사람 정덕규와 대구 사람 박 씨 여인은 일본인의 꼬임에 넘어가
배를 타고 일본에 가게 되었습니다.

두 사람은 일본에 도착한 후 자신들의 행동이
어리석었음을 깨닫게 됩니다.

일본인은 이들을 이상한 한국 전통 의상으로 분장시켰는데,
장덕규에게는 상투를 틀고 삿갓을 씌운 후 소매 폭이 넓은 두루마기를 입혔고,
박 씨 여인에게는 좁은 소매에 긴치마를 둘러 입혔습니다.

그리고는 박람회에 이들을 출품시켜 여러 나라 사람들 앞에서
구경거리로 만들었습니다.

광장을 둘러보던 시찰원 민원식이 이들을 발견해
그들의 몸값을 지불하고 귀국시켰다 합니다.

어서 돌아갑시다!

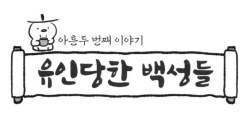

유인당한 백성들

한 일본인이 충청북도의 철도 근처에 사는 백성들에게
철도 부설 사업을 미끼로 유혹했습니다.

좋은 제안
들어 보시무니다!

일본인 말로는 일본 철도 공사에서 일하면 한 달 치 품삯이 400환이라
단기간에 큰돈을 벌 수 있다고 말했습니다.

철로마냥
인생도 쫙
피는 거무니다!

400환

204

바로 지원하는 이는 그 자리에서 400환을 먼저 내어 주니
사람들은 앞다퉈 지원했고 열흘 만에 육백 명이 모였습니다.

일본인은 지원자들을 기차와 배에 태워 보냈고,
그 후 그들의 소식은 들리지 않았습니다.

이 일을 아는 사람이 말하기를 그들은 일본이 아닌 멕시코로 보내졌다고 합니다.

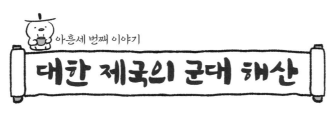

대한 제국의 군대 해산

을사늑약의 진실을 알리기 위한 헤이그 작전이 실패하자
1907년, 일본은 헤이그 특사 사건을 구실로 고종의 퇴위와 한일 신협약을 강요했습니다.

이에 백성들은 고종의 퇴위를 반대하는 시위를 열었고,
무장 군인들도 이들과 합세했습니다.

머리를 굴린 일본과 이완용은 임금의 명이라는 거짓말을 하며
7월 31일 군대를 해산시켰습니다.

대한 제국의 무장 군인은 해산하지 않고 끝까지 일본군과 싸웠지만
결국, 일본군의 힘에 진압되었습니다.

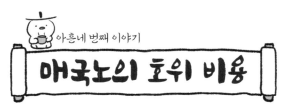

매국노의 호위 비용

통감부의 권한 강화, 일본인 차관 임명, 군대 해산 등
중요한 권한을 일본에게 넘긴다는 조약이 한일 신협약입니다.

한일 신협약
대한 제국의 모든 법과 행정은
통감부의 승인을
필수로 받아야 한다!

송병준, 이병무, 고영희, 조중응, 이재곤, 임선준, 이완용이
이 조약에 찬성해 이들을 칠적이라 불렀습니다.

송병준　　　이병무　　　고영희　　　조중응

이재곤　　　임선준　　　이완용

지은 죄가 많아 불안했던 이들은 일본군을 자신의 집에 불러 호위를 시켰습니다.

호위의 대가로 그들에게 닭 한 마리와 삶은 계란 다섯 알을 매 끼니마다 주었고,

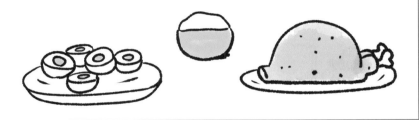

담배는 이집트산이 아니면 피우지 않아
매일 나가는 호위 비용이 어마어마했다고 합니다.

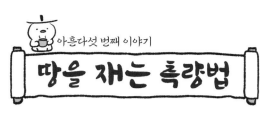

땅을 재는 측량법

1907년, 대한 제국에서 땅을 국유지, 공유지, 사유지로
구분하는 측량법을 시행했습니다.

국유지는 중앙 관청인 탁지부, 공유지는 각 군의 군청,
사유지는 땅의 소유자가 측량하게 되었습니다.

하지만 문제는 기한 내에 측량하지 않으면 국유 재산으로 삼고
그 땅을 일본 이민자들에게 넘겼습니다.

이 땅은
이제는 내 땅이라
들었스무니다~.

너 누구야!

자신들의 땅이 빼앗길 위기에 처하자 사람들은 서울로 올라가
쌀을 주며 측량법을 배웠습니다.

측량 기계는 일본에서만 구매가
가능할뿐더러, 사용법이 독특해
배우는 것도 쉽지 않았습니다.

측량 사무소에서 의뢰하는 방법도
있었지만 희소성이 없는 땅은
측량비가 더 나와 포기하곤 했습니다.

측량 기한은 1910년 겨울까지였지만 측량 비용의 문제로
기한 내에 끝낸 사람은 전국에서 십 분의 일도 되지 않았습니다.

돌을 던지는 전통 놀이

정월 대보름에는 남대문 밖과 다섯 개의 강 사이에 사람들이 모여
돌을 던지는 전통 놀이 '석전'을 했습니다.

보호 장비 없이 돌을 맞아 사상자가 많이 생기기도 했지만,
석전으로 생긴 피해는 묻지 않는 것이 암묵적인 규칙이었습니다.

212

1908년, 일본은 이 전통 놀이를 군사 훈련이자 무예 기술 훈련이라고
생각해 석전 금지령을 내렸다고 합니다.

하지만 사람들은 명령을 듣지 않고
매년 석전을 진행했습니다.

1910년, 석전을 멈추지 않자 일본군은 사람들에게 총을 쏘았고,
그 이후로 사람들은 석전을 그만두게 되었습니다.

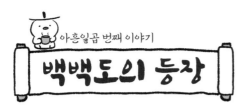

백백도의 등장

평안남도 순천의 자산에는 백백도를 제창하는
요상한 사람이 살았습니다.

그는 사람들 앞에 서서 '백백 적적 감응감응'이라는
이상한 주문을 외웠습니다.

214

간혹가다 밤에 정화수를 떠 놓고
하늘에 제사를 지내곤 했는데,

사람들이 말하기를 '백백도 선생이 나타나면 일본인들이
자멸할 것이다'라는 말을 속삭였다고 합니다.

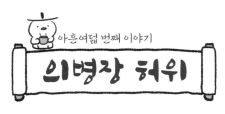
아흔여덟 번째 이야기

의병장 허위

1908년, 의병 운동에 참여했던 의병장 허위가 일본군 사령부에 수감 되었는데, 무더위에도 솜옷을 입고도 평정심을 유지했습니다.

일본군이 의병 운동에 대한 심문을 하자 허위는 이렇게 대답했다고 합니다.

누가 먼저 선동을 했고, 대장은 누구냐?

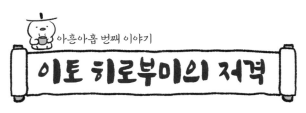

이토 히로부미의 저격

이토 히로부미의 죽음으로 나라의 수치를 씻기 위해
수년간 독립운동을 한 안중근은 서른한 살에 평양에서 지냈습니다.

> 먼 곳을 향하는
> 생각이 없다면
> 큰일을 이루기 어렵다!

1909년, 봄 안중근과 동지들이 모여
'올해 이토 히로부미를 죽이지 못한다면 자결하겠다'는 맹세를 합니다.

> 조국의 원수는
> 내 손으로
> 복수하리라!

韓 大
立 獨

10월 하얼빈으로 순찰 온 이토 히로부미가 기차에서 내리자
안중근은 권총으로 세 발을 쏘았고,

> 탕!
> 탕!
> 탕!

병원으로 옮겨진 이토 히로부미가 결국 죽었다는 소식에
세계 각국의 사람들은 조선에 아직 인물이 있다며 놀랐습니다.

체포 당시 안중근은 당당한 모습과 죽음을 두려워하지 않는 태도를 보였다고 합니다.

그와 달리 이완용, 윤덕영, 조민희 등은 이토 히로부미에게 조의를 표했으며,
순종은 통감부에 가서 친히 조의를 표하고 그에게 '문충공'이라는 시호와 장례값 3만 원,
조의금 10만 원을 주었습니다. 다른 이들은 그의 동상을 건의했다고 합니다.

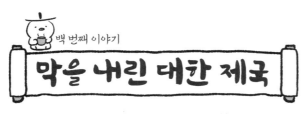

막을 내린 대한 제국

러일 전쟁에서 승리한 일본은 대한 제국과 을사늑약을 맺으며
대한 제국의 외교권을 박탈했습니다.

헤이그 특사 사건을 빌미로 고종은 폐위당하고 그 자리에 순종을 앉혀
한일 신협약을 맺게 해 통감부의 지휘로 정치적 권리까지 빼앗았습니다.

이토 히로부미의 죽음과 일진회를 앞세워 한일 병합에 찬성하게 해
본격적인 대한 제국의 식민지화가 시작됩니다.

1910년 8월 16일 통감부의 데라우치는 이완용, 조중응과 한일 병합 조약을 만들고,
18일에 이완용이 내각 회의를 거쳐 안건을 통과시킵니다.

8월 22일, 형식적인 어전 회의가 열리자, 순종은 대신들의 의견에 따라
한일 병합 조약에 날인해 29일 대한 제국과 일본이 병합되었음을 알렸습니다.

박 선비,
개화기 조선을
기록하다

초판 발행 2024년 4월 30일
초판 인쇄 2024년 4월 23일

글·그림 졸귀

펴낸이 안경란
기획·편집 김보섭
디자인 조정원
마케팅 정태영, 신보연, 장승희
펴낸곳 새를기다리는숲(자매사 파란정원)
출판등록 제2019-000069호
주소 서울특별시 은평구 가좌로 175, 5층
전화 02-6925-1628 | **팩스** 02-723-1629
홈페이지 www.bluegarden.kr | **전자우편** eatingbooks@naver.com
종이 다올페이퍼 | **인쇄** 조일문화인쇄사 | **제본** 경문제책

글·그림ⓒ2024 졸귀
ISBN 979-11-972235-5-6 03910